GODDESS GIRLS series:#15 APHRODITE THE FAIR by Joan Holub & Suzanne Williams
Copyright © 2014 by Joan Holub & Suzanne Williams
All rights reserved.
This Korean edition was published by RH Korea Co., Ltd. in 2018 by arrangement with Joan Holub & Suzanne Williams c/o EDEN STREET LLC through KCC(Korea Copyright Center Inc.), Seoul.

이 책은 (주)한국저작권센터(KCC)를 통한 저작권자와의 독점 계약으로 (주)알에이치코리아에서 출간되었습니다.
저작권법에 의해 한국 내에서 보호를 받는 저작물이므로 무단 전재와 복제를 금합니다.

올림포스

15 아프로디테의 아름다움

조앤 호럽, 수잰 윌리엄스 글 ▪ 싹이 그림 ▪ 김경희 옮김

주니어 RHK

엄청나게 멋진 독자 여러분, 고마워요!

라나 W., 리다 L., 샌드라 L., 미셸 W., 레이븐 G., 발렌티나 M., 룰루 M., 카밀라 M., 나디라 B., 저스틴 Y., 멜라니 C., 제니퍼 R., 스테파니 V., 아다라 R., 케이티 M., 스테파니 I., 엠마 J., 드림 Y., 앨리 M., 케이틀린 R., 한나 R., 데이나 P., 매디슨 W., 세라 S., 패리스 O., 에이미 S., 애슐리 C., 프리스카 M.과 이자벨 K., 소피아 O., 줄리아나 N., 카미유 C., B-B., 메건 B., 조야 B., 카챠 B., 샬럿 D., 브룩 G., 헬렌 X., 올리비아 H., 안젤리나 D., 다이애너 G., 세라 M., 에밀리 M.과 대니얼 M., 엠마 W., 시드니 G.와 헤일리 G., 재스민 R., 엘라 S., 레아 S., 케일라 S., 아리엘 S., 안드레이드 가족, 올버 C., 애비 G., 맥케이 O.와 리즈 O., 앤젤 H., 엘리자베스 R.과 올리비아 R., 케이틀린 R.과 한나 R., 릴리 T., 크리스틴 D-H.와 칸야 S., 린다 H., 재미슨 C.G., 미치 S., 카일리 S., 크리스틴 S.와 에린 S., 제시 F., 릴리앤 S., 알렉산드라 E.S., 린지 A., 이든 O., 안드레아 C., 이빌린 R.과 루디 B., 시드니 B., 미아 A., 메건 D., 카밀라 M., 발렌티나 M., 루시아나 M., 씨씨 F., 켄들 H., 릴리 H., 릴리아 L., 애슐리 D., 섀넌 Y.와 티파니 Y., 그레시아 V.와 야스민 V., 버지니아 J.와 셸비 J., 소피아 R., 티파니 W., 라일리 H.와 애슐리 H., 애니 K., 디바인 N., 맥케이 O.와 리즈 O., 알리사 D., 토니 K., 제니 C., 그레이스 H., 타메라 W., 시드니 G., 카리스 C., 셸비 B., 수 F., 어맨다 W., 미켈라 P., 브리트니 D., 다니엘 H., 빅토리아 B., 케이틀린 L., 빅키 H., 레이철 B., 다이앤 G., 서맨사 S., 젠 H., 소피아 W., 이자벨 K.와 프리스카 M., 헤더 H., 미셸 J., 로렐라이 M., 에블린 K., 마리아나 P., 휘트니 S., 아리엘 C., 새디 T., 키라 J., 비비언 Z., 마리엘레나 B., 류시후, 최주아, 최예주, 김지은, 김지우, 하정민,

그리고 지금 이 책을 보고 있는 바로 당신!

– 조앤 호럽, 수잰 윌리엄스

차례

1 생일 축하해! •09

2 에리스 •28

3 파티라면 게임하지 •56

4 사고 •92

5 팀워크 •121

6 집착 •149

7 거짓말쟁이 •176

8 치사해 •195

9 야옹 •208

10 불평불만 •238

11 나무 둥둥지 •263

12 파리스의 결정 •290

1
생일 축하해!

"쉿!"

아프로디테가 친구들에게 주의를 주었다. 지금 아이들은 둥근 천장 위로 하늘이 올려다보이는 올림포스 학교 옥상 정원에 모여 있었다.

"아레스가 오나 봐!"

곧바로 아이들은 조개처럼 입을 꾹 다문 채 정원 출입문을 빤히 쳐다보았다. 다들 하나같이 신난 표정이었다. 아프로디테는 얼른 옷매무새를 다듬었다. 솜사탕처럼 달콤해 보이는 분홍색 키톤은 치맛단이 조가비 모양으로 마무리되어 있고, 최신 유행에 맞게 한쪽 어깨가 살짝 드러나 있었다. 아프로디테가 오늘을 위해 특별히 마련한 키톤이었다. 아프로디테는 분홍색 리본을 엮어 땋은 황금빛 머리칼을 매만지며 얼른 주위를 확인했다. 모든 게 만족스러웠다. 아이들 머리 위에는 방패와 투구 모양의 귀여운 풍선이 둥실둥실 떠 있고, 정원을 따라 둘러선 높다란 기둥에는 금색과 은색의 장식 끈이 화려하게 감겨 있었다. 기둥마다 장난감 검과 창까지 X자 모양으로 달아 두는 것도 잊지 않았다. 모두 오늘의 주인공을 위해 마련한 것들이었다.

'아레스가 보면 분명 기뻐할 거야.'

그때 옥상 정원의 문고리가 빙글 돌았다. 문이 열리기 직전, 아프로디테는 한 손을 허리에 올리며 모델 같은 자세를 취하고서 소리쳤다.

"아레스, 생일 축하해!"

문이 휙 열리며 금발의, 잘생기고 건장한 소년 신이 들어섰다. 아프로디테의 남자 친구인 전쟁의 신 아레스였다.

곧바로 아이들이 아프로디테를 따라 너도나도 목청을 높이며 축하 인사를 건넸다. 밴드 연습을 하는 척하며 바람잡이 노릇을 한 아폴론이 아레스를 파티장 안으로 이끌었다.

아레스는 눈앞에 펼쳐진 광경을 바라보며 파란 눈을 휘둥그렇게 떴다.

"우아! 깜짝이야!"

아레스는 아프로디테에게 눈길을 돌리더니 빙그레 웃었다.

"전부 네가 준비한 거야?"

아프로디테가 고개를 끄덕이자 아레스가 다시 물었다.

"어떻게 이렇게 감쪽같이 준비했어? 난 아예 낌새도 못 차렸는걸!"

"쉽지는 않았지."

아프로디테는 생글생글 웃으며 대답하더니 근처에 서 있던 주황색 뾰족 머리칼 소녀에게 짐짓 눈길을 던졌다. 그러자 소녀는 등에 달린 주황색 날개 깃털을 부르르 세우며 대꾸했다.

"어머! 나도 상황에 따라 비밀을 지킬 수 있다고!"

소녀가 말할 때마다 입에서 작고 하얀 구름 글자가 퐁퐁 솟아올라 허공을 둥둥 떠다녔다. 이 영롱한 주황색 날개를 가진 소녀는 소문의 여신 파마였다.

몇몇 아이들이 파마의 구름 글자를 보더니 "풋!" 하고 웃음을 터뜨렸다. 사실 파마한테 무언가를 이야기한다는 건 세상 모두를 향해 소리치는 거나 다름없었다. 게다가 요즘 파마는《십대들의 두루마리 잡지》의 '이 주의 소문'까지 맡아 쓰고 있었다.

아프로디테는 아레스의 표정을 보고 속으로 중얼거렸다.

'아레스가 정말 놀란 것 같아. 그렇다면 파마가 깜짝 생일 파티 계획을 비밀로 잘 지켜 줬다는 거네. 적어도 아레스한테는 말이야. 대신 나머지 아이들은 모두 이 소식을 알고 있겠지.'

아프로디테는 파마를 다독였다.

"비밀을 지켜 줘서 고마워."

"그러게. 파마, 잘했어."

사과처럼 발그스름한 볼에, 반짝이는 황금 날개를 가진 소년이 이야기에 쏙 끼어들었다. 사랑의 신이자 파마의 남자 친구인 에로스였다. 파마는 기분이 좋아졌는지 아프로디테와 에로스에게 활짝 웃어 보였다.

아프로디테는 아레스에게 그간 친구들과 깜짝 생일 파티를 어떻게 준비해 왔는지 자세히 들려줄 작정이었다. 그런데 아프로디테가 말을 꺼내려는 순간, 아폴론이 아레스의 등을 툭 치며 인사를 건넸다.

"어이 친구, 생일 축하해!"

"너도 드디어 형님들처럼 만 12세가 되었구나. 축하한다."

몸이 청록색을 띠는 소년이 장난스럽게 덧붙였다. 바다의 신 포세이돈이었다.

곧바로 남학생들이 축하 인사를 건네기 위해 아레스 곁에 와

글와글 모여들었다. 그러자 아테나, 페르세포네, 아르테미스가 아프로디테 쪽으로 다가왔다.

"아프로디테, 뭐 도와줄 일 없니?"

물결치는 붉은 머리칼을 가진 페르세포네가 물었다. 페르세포네는 목둘레와 네 발만 희고, 온몸이 까만 새끼 고양이를 안고 있었다. 페르세포네가 아프로디테와 함께 돌보고 있는 고양이 아도니스였다.

"마음 써 줘서 고마워."

아프로디테는 아도니스의 턱 밑을 살살 간질이며 대답했다.

"케이크 꺼내 올 때까지는 할 일이 없어."

아도니스가 기지개를 쭉 펴더니 가르릉 하고 소리를 냈다. 그러자 페르세포네는 한 손을 들어 귀 옆에 꽂은 하얀 데이지를 매만졌다. 살짝 시들어 있던 데이지가 페르세포네의 손길이 닿자마자 싱싱하게 되살아났다. 페르세포네는 봄의 여신이라 올림포스 학교 학생 중에서 꽃과 나무를 가장 잘 키웠다.

아프로디테가 친구들을 하나하나 바라보며 말했다.

"게다가 이미 충분히 도와줬는걸. 너희가 아니었으면 이걸 다 준비하지 못했을 거야."

빈말이 아니었다. 사실 오늘 깜짝 파티는 2주에 걸쳐 준비한 결과물이었다. 아프로디테의 세 친구들은 초대장을 만들고, 옥상 정원에 탁자와 의자를 설치하고, 장식을 달고, 간식거리를 장만하는 일까지 도왔다.

"우리야 널 도울 수 있어서 기쁠 따름이야."

아테나가 회색빛이 도는 파란 눈동자를 반짝이며 대답했다. 올림포스 학교의 교장 제우스의 딸이기도 한 아테나는 네 친구 중에서 가장 똑똑했다.

"맞아. 게다가 얼마나 재미있었는데!"

곁에 서 있던 페르세포네가 한마디를 덧붙이자, 아르테미스도 윤기 나는 검은 단발을 찰랑이며 고개를 끄덕였다.

"그럼, 그럼. 친구 돼서 좋은 게 이런 거지 뭐."

아르테미스는 늘 활과 화살 통을 메고 다니는데 오늘은 파티를 위해 방에 두고 나온 모양이었다.

그때 아르테미스의 사냥개 세 마리가 식탁 끝에 놓여 있는 커다란 생일 케이크 주변을 돌며 킁킁거리기 시작했다. 아르테미스는 화들짝 놀라서 소리쳤다.

"앰비! 수에즈! 넥타! 이리 와! 그 케이크는 손님들 몫이야. 너희는 이따가 따로 간식을 줄게."

블러드하운드 수에즈, 비글 앰비, 그레이하운드 넥타는 고분

고분 자리를 떠나 꼬리를 살랑이며 선물이 쌓여 있는 탁자를 살피러 갔다.

그 모습을 지켜보던 아테나가 아프로디테 쪽으로 고개를 살짝 기울이며 속삭였다.

"아레스 생일 케이크 진짜 멋지게 잘 만들었더라. 대단해!"

"고마워."

아프로디테도 손수 만든 생일 케이크를 자랑스럽게 여기고 있었다. 아레스의 취향을 따라 초콜릿 케이크에 파란색 크림으로 장식한 2단 케이크였다. 파란색과 초록색 초 열두 개도 잊지 않고 조르르 꽂아 두었다.

"사실 케이크를 투구 모양으로 만들고 싶었는데, 내 실력으로는 도무지 무리더라고."

아프로디테는 활짝 웃으며 후일담을 털어놓았다.

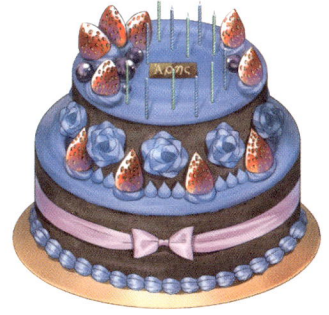

그때 갑자기 아레스 곁에 둘러서 있던 남자아이들이 푸핫 하고 폭소를 터뜨렸다. 아프로디테와 친구들은 무슨 일인가 해서 그쪽으로 주의를 돌렸다.

"야, 우리 처음 만났을 때 기억나?"

아폴론이 아레스에게 질문을 던졌고, 나머지 남학생들은 둘의 이야기에 귀를 기울이는 중이었다.

"1학년 때였지."

아레스가 고개를 끄덕이며 대답했다. 아레스의 얼굴이 행복해 보여서 아프로디테 역시 행복감에 흠뻑 젖어 들었다.

'아레스가 이 파티를 즐겨 주길 얼마나 바랐는지 몰라!'

"맞아."

저쪽에서 아폴론이 다시 말을 이었다.

"내가 '넌 누구야?'라고 물었을 때 네 녀석이 목청 터져라 소리를 지르며 대답했지. '전쟁의 신이다, 됐냐? 그러니까 나랑 싸울 생각은 꿈도 꾸지 마. 보나마나 내가 이길 거니까!'라고 말이야. 고함 소리가 어찌나 큰지 이대로 내 머리가 날아가 버리는 게 아닐까 싶었다니까."

그러자 옆에서 듣고 있던 포세이돈이 싱글싱글 웃으며 한마디를 더했다.

"우리 아레스가 워낙 열정남이라 '냉정'하고는 안 친하지."

다른 남자아이들도 무슨 말인지 잘 안다는 듯이 하하 하고 웃음을 터뜨렸다. 심지어 아프로디테마저 풋 하고 웃음이 새어나왔다. 한때 아레스는 학교 최고 악동이라 욕먹어도 쌀만큼 못된 행동도 많이 했었다. 하지만 요사이 거칠었던 성격이 많이 온순해 졌는데, 다들 아프로디테가 곁에 있어서 아레스가 한결 차분해진 것이라고 말했다. 아프로디테도 자신이 아레스의 긍정적인 변화에 조금이나마 기여를 했다고 여기고 있었다.

어느 정도 웃음이 잦아들자 아레스가 빙그레 웃으며 아폴론에게 대꾸했다.

"그래, 나도 기억나. 네가 '알았어. 그럼 너랑 안 싸울게.'라고 대답했고, 우리는 곧장 주변에 있던 창을 서로에게 마구 집어 던졌지."

"그 뒤로 어떻게 되었는지는 뭐, 말 안 해도 다들 잘 알고 있지!"

그 말과 함께 아폴론은 아레스의 어깨를 장난스럽게 툭 쳤다. 그런데도 아레스는 껄껄 웃기만 했다.

다른 남학생들이 너도나도 아레스의 전적에 대해 이야기를 늘어놓는 동안, 아프로디테는 다정한 눈빛으로 아레스를 가만히 바라보았다. 아프로디테의 눈에는 아레스가 올림포스 학교에서 가장 잘생겨 보였다. 전에는 둘이 티격태격하기도 했지만 요즘 들어서는 계속 알콩달콩 잘 지내고 있고, 그 덕분에 아프로디테는 사랑의 여신으로서 더욱 명성을 떨치게 되었다.

'잘 된 일이지 뭐. 내 연애부터 어찌하지 못하면 인간이나 불멸의 존재들이 뭘 믿고 내게 도움을 청하겠어?'

바로 그때, 아레스가 친구들 사이에서 슬며시 빠져나와 아프로디테 곁으로 왔다. 그러고는 아프로디테를 살짝 안으며 말했다.

"정말 고마워. 이런 근사한 파티를 준비하다니 진짜 대단해!"

"음, 친구들이 많이 도와줬어."

쑥스러워진 아프로디테는 아테나, 페르세포네, 아르테미스를 가리켜 보였다. 모든 게 술술 돌아가서 기분이 말할 수 없이 좋았다. 그새 세 친구는 간식이 차려진 탁자로 가서 과자를 맛있게 먹고 있었다. 물론 아르테미스는 자기가 먹는 양보다 사냥개들에게 먹이는 양이 더 많은 것 같았지만 말이다.

"그럼……, 케이크 먼저?"

아프로디테는 고갯짓으로 간식 탁자 쪽을 가리켰다가 다시 그 너머에 놓여 있는 탁자를 가리켜 보였다. 그 탁자 위에는 알록달록하게 포장된 선물이 잔뜩 쌓여 있었다.

"아니면 선물 먼저 열어 볼래?"

"선물!"

아레스가 신이 나서 두 손을 싹싹 비비며 소리쳤다. 그러자 주변에 있던 아이들이 하하 웃음을 터뜨렸다.

잠시 후, 아레스는 파란 눈동자를 반짝반짝 빛내며 선물 탁자 앞에 앉았다. 모든 아이들이 지켜보는 가운데, 아레스가 첫 번째 선물을 집어 들었다. 공교롭게도 아프로디테가 준비한 선물이었다.

아프로디테는 잠시 숨을 죽였다.

'과연 내 선물을 마음에 들어 할까?'

아레스는 누가 준 선물인지 이름표를 확인하지도 않고 빨간색과 분홍색 하트가 그려진 포장지를 후다닥 뜯었다. 상자 뚜껑을 열자마자 아레스의 얼굴이 환해지는 것을 보고 아프로디테의 마음도 환해졌다.

"우아, 멋지다!"

아레스가 근사한 날개 샌들을 꺼내며 소리쳤다. 올림포스 학교 남학생이라면 누구나 좋아하는 가게 '아세다스'에서 새로 출시한 '윈드 플라이'라는 샌들인데 아이들 사이에서 한창 인기몰이 중인 상품이었다. (아세다스는 번개 삼선 로고가 새겨진 운동용 샌들을 비롯해 활, 화살, 창, 방패 같은 온갖 무기들을 팔았다)

"아프로디테, 고마워!"

아레스가 소리쳤다.

"누가 준 선물인지 이름표를 확인할 필요도 없나봐."

페르세포네가 아프로디테를 슬쩍 놀리자, 둘러서 있던 아이들이 까르르 웃음을 터뜨렸다. 아르테미스도 싱글싱글 웃으며 한마디를 덧붙였다.

"그러게. 빨강 분홍 하트가 넘쳐나는 포장지가 아예 '사랑의 여신 선물'이라고 광고를 하고 있잖아?"

아프로디테는 친구들을 향해 씩 웃어 보이고서 아레스에게 소리쳐 답했다.

"천만에!"

자신이 고른 선물이 아레스의 마음에 쏙 든다니 아프로디테는 정말로 기뻤다.

아레스는 곧바로 나머지 선물들을 열어 보며 매 번 기쁨에 찬 환호성을 질렀다. 남학생들은 대부분 전쟁에 대한 두루마리 책과 아세다스에서 파는 운동용품이나 무기를 선물했다.

여학생 중 몇몇은 자그마한 파피루스 가방에 견과류나 말린 과일을 담아 선물하거나, 신선한 복숭아, 배, 석류를 담은 과일 바구니를 준비했다. 아테나는 호메로스의 두 번째 신간 《오디세이아》를 선물했는데, 트로이 전쟁에서 활약한 영웅 오디세우스의 이야기를 담은 책이었다.

한편 꽤나 익살맞은 선물도 있었다. 형광색 수성 페인트를 찍하고 뿜는 창이라든가, 머리 큰 괴물 미니어처, 아주 길고 거친 전투를 치른 뒤에 흐트러진 머리 모양을 다시 '투구 모양'으로 매만질 때 쓰는 젤, 그리고 등판에 '전쟁 짱'이라는 문구가 쓰여 있는 튜닉 등이 선물 상자에서 나왔다.

마지막 선물 상자까지 열어 본 뒤 아레스가 주위를 휘휘 돌아보며 물었다.

"이제 케이크 차례인가?"

"그럼! 내가 저 케이크를 얼마나 열심히 만들었는데. 그냥 탁자 위에 예쁘게 놓아두고 구경만 하려고 준비한 게 아니라고."

아프로디테는 까르르 웃으면서 아이들을 간식 탁자 쪽으로 몰았다.

아이들이 모두 케이크 주위에 둘러서자 아폴론의 밴드 천상천하가 생일 축하 노래를 연주하기 시작했다. 원래 아레스도 밴드의 멤버였지만 이번 만큼은 보컬이 아닌 '오늘의 주인공' 자리를 지켰다.(아레스가 앉은 의자에는 장식용 끈이 주렁주렁 늘어져 있고, 의자 뒤에는 '오늘의 주인공'이라고 쓰여 있는 풍선이 우르르 달려 있었다) 아테나는 아프로디테가 초에 불을 붙일 수 있게 거들었고, 페르세포네와 아르테미스는 곁에 서서 잠시 후 케이크 조각을 아이들에게 나눠 줄 채비를 하고 있었다.

무슨 일이 벌어지는지 호기심이 동했는지 갑자기 아도니스가 페르세포네의 팔에서 폴짝 뛰어올랐다. 그러더니 아레스의 무릎 위에 내려서서 킁킁 하고 케이크 냄새를 맡았다. 순간 아프로디테는 당황해서 어쩔 줄 몰랐다. 그런데 아프로디테가 손을 쓰기 전에 아레스가 먼저 아도니스에게 팔을 감았다.

"어이, 털북숭이 꼬맹이."

아레스는 근육이 불거진 팔로 아도니스를 포근히 안아 주며 말했다.

"이건 내 생일 케이크거든!"

이어 아레스는 아프로디테를 바라보며 씩 웃었다.

"하긴 너도 '쥐꼬리만큼'은 얻어먹어도 되겠지."

아레스의 농담에 모두가 풋 하고 웃음을 터뜨렸다. 아레스는 여전히 아도니스를 안은 채 숨을 깊이 들이쉬더니 앞으로 살짝 몸을 숙였다.

'아유, 너무 귀엽잖아!'

아프로디테는 덩치 큰 근육질 소년이 새끼 고양이를 품에 곱게 안고 있는 모습을 보며 속으로 행복의 한숨을 쉬었다.

'화가를 불러다 이 순간을 그림으로 남기면 소원이 없겠어. 잠깐. 소원? 아, 그러고 보니……'

아레스가 촛불을 불어 끄려는 찰나 아프로디테가 황급히 소리쳤다.

"기다려! 먼저 소원을 빌어야지."

"아, 그렇지."

아레스는 미간까지 찡그리며 생각에 잠겼다. 그러더니 다시 흡 하고 숨을 깊이 들이쉬고 볼을 동그랗게 부풀리더니 후 하고 열두 자루 초를 한 번에 다 꺼버렸다.

"잘했어!"

아폴론이 몸을 숙이더니 아레스와 손뼉을 마주쳤다. 그러고는 놀리듯이 한마디 덧붙였다.

"네 녀석 허풍이 센 건 알고 있었지만, 입바람마저……"

쾅!

갑자기 옥상 정원의 문이 거칠게 열리더니 당장이라도 부서질 기세로 벽에 부딪혔다.

아폴론은 놀라서 하던 말을 멈추었고, 모두 문간으로 눈길을 휙 돌렸다.

실은 오늘 아침 아프로디테가 복도에서 헤라와 마주쳤을 때,

헤라는 남편 제우스와 함께 아레스의 생일 파티에 들르겠다는 말을 했었다. 때문에 아프로디테는 내심 문간에 교장 선생님 부부가 서 있을 거라고 기대했다. 제우스는 올림포스 학교 교장일 뿐 아니라, 신들의 제왕이자 하늘을 지배하는 자이기도 했다. 그 만큼 강력한 힘을 지니고 있다 보니 걸핏하면 교장실 문을 부서뜨렸다. 하지만 화가 나서 그런다기보다는 자기 힘이 얼마나 센지 모르고 있었기 때문에 힘 조절이 안 됐다.

그런데 문간에 선 주인공은 제우스와 헤라 부부가 아니었다. 그곳에는 몸집은 작지만 활기 넘쳐 보이는 여자아이가 서 있었다. 그 아이는 제멋대로 뻗친, 간간이 보라색이 섞인 까만 머리칼을 포니테일로 묶고, 보라색 키톤을 걸치고 있었다. 게다가 몸에서 은은한 빛이 나는 걸로 보아 불멸의 존재가 틀림없었다.

아프로디테는 의아했다.

'누구지? 겉보기에는 나와 비슷한 나이로 보이는데. 내가 모르는 아이인 걸 보면 절대 우리 학교 학생은 아니야. 적어도 이 파티에 초대받은 손님이 아니란 것 만큼은 확실해.'

그 불청객이 어깨에 메고 있던 책가방을 바닥에 던지듯이 내려놓았다.

쿵!

안에 뭔가 무거운 물건이 들었는지 육중한 소리가 울려 퍼졌다. 낯선 소녀는 허리에 손을 턱 얹고서 파티장을 휘휘 둘러보았다. 아무래도 누군가를 찾고 있는 눈치였다. 소녀의 눈길이 아레스에게 닿은 순간, 거의 보라색에 가까운 짙푸른 눈동자에 뭔가를 계산하고 있는 듯한 기색이 언뜻 스쳤다. 소녀는 입꼬리를 올리며 씩 웃더니 어쩐지 날이 선 듯한 목소리로 말했다.

"어이, 동생. 생일 축하해! 내가 올 줄은 몰랐지?"

'뭐?'

아프로디테는 화들짝 놀랐다.

'아레스한테 누나가 있다고?'

2 에리스

　아레스는 파티장에 불쑥 나타난 불청객을 경악하며 바라보았다. 몸이 저절로 움찔했다.
　'맙소사. 누나가 오다니! 아니, 누나가 나타나게 해 달라고 소원을 빈 것도 아닌데. 내 소원은 전혀 다른 거란 말이야.'
　아레스의 소원은 다음 달에 열리는 템플 게임에서 우승하는 것이었다. 템플 게임은 세계 곳곳의 신전에서 전쟁 놀이를 하며 참가자들의 능력을 겨루는 경기인데, 아레스는 바로 내일부터 몇몇 남학생들과 함께 훈련을 시작할 작정이었다.
　"에, 에리스 누나?"
　에리스가 자신을 향해 저벅저벅 다가오자 아레스는 놀라서 말을 더듬었다. 키도 작고 몸이 가냘파서 아레스보다 어려 보였지만 분명 에리스가 누나였다. 아레스는 아프로디테 쪽을 흘깃 바라보았다. 아프로디테가 혼란스러운 얼굴을 하고서 아레스와 에리스를 번갈아 쳐다보고 있었다. 아레스는 당혹스러워서 머릿속이 부글부글 끓는 것 같았다.

'누나가 내 학교 생활을 망치기 전에 빨리 돌려보내야 해. 도대체 오늘 내 생일 파티가 있는 건 어떻게 알아낸 거지?'

올림포스 학교에서 보낸 지난 6년 동안 아레스는 한 번도 에리스에 대한 이야기를 입 밖으로 꺼내지 않았다. 심지어 아프로디테에게조차 말한 적이 없었다.

'다 이유가 있어서 그런 거라고! 올림포스 학교로 오기 전에 누나 때문에 얼마나 비참하게 살았는데. 그래서 여기 오자마자 누나의 존재 자체를 잊기로 했단 말이야.'

실제로 아레스는 집에 잠깐 들를 때 말고는 누나의 존재를 아예 잊고 살았고, 집에 가면 항상 누나의 눈에 띄지 않게 조심조심 피해 다녔다.

아레스가 기겁한 채 에리스의 얼굴만 멍하니 쳐다보고 있는 사이, 에리스가 아레스의 무릎에 앉아 있는 고양이를 힐끗 쳐다보았다.

"어머, 동생. 왜 고양이 앞의 쥐처럼 꼼짝을 못하니?"

에리스는 자기 농담이 재미있어 죽겠다는 듯이 깔깔깔 웃었다. 에리스의 웃음소리는 늘 짓궂고, 어떤 때는 사악하기까지 했다.

'대체 여긴 왜 온 거지?'

아레스는 궁금증을 감출 수가 없었다.

에리스가 정원 안으로 들어와 곧장 아레스에게 다가가자 아폴론과 포세이돈이 앞을 가로막고 섰다.

"어머, 얘들아, 괜찮아. 난 진짜 저 애 누나고, 저 앤 내 동생이야."

아레스는 아무런 대꾸도 하지 않음으로써 그 사실을 인정했다. 결국 아폴론과 포세이돈이 옆으로 물러나자, 에리스는 아레스에게 성큼성큼 다가갔다.

"고양이가 귀엽게 생겼네."

에리스가 아도니스를 쓰다듬으려 손을 뻗었다.

"하악!"

누구에게나 붙임성이 좋은 편인 아도니스가 날카로운 소리를 내며 몸을 낮추고서 에리스의 손길을 피했다. 그러고는 아레스의 무릎에서 풀쩍 뛰어올랐는데, 너무 서두르느라 발톱으로

아레스의 다리를 확 긁고 말았다.

"아야!"

아도니스는 페르세포네한테 쪼르르 달려가 품에 안긴 채 에리스를 미심쩍이 쳐다보았다. 그 모습을 바라보며 아레스는 속으로 중얼거렸다.

'저 녀석, 상대가 누군지 본능적으로 알았나 보네. 아, 나도 겁쟁이처럼 보이지 않고 누나한테서 달아날 방법을 알고 있었더라면 좋았을 텐데!'

하지만 아레스는 그저 에리스를 조심스럽게 쳐다보며 웅얼웅얼 입을 열었다.

"누나, 안녕."

그러자 에리스가 아레스를 향해 함박웃음을 지으며 대답했다.

"응, 오랜만이지?"

이어 에리스는 손님 쪽을 고갯짓했다.

"친구들한테 내 소개 안 할 거야?"

"얘들아, 이쪽은 우리 누나 에리스. 열세 살이라 6학년이야."

아레스의 목소리는 누가 들어도 시큰둥하게 느껴졌다.

"안녕."

올림포스 학교 학생들이 입을 모아 인사를 건넸다. 다들 얼굴에 궁금증이 가득했는데 그중에서도 아프로디테가 가장 묻고 싶은 게 많은 눈치였다. 어쨌든 어색한 분위기가 어느 정도 가시자 아이들이 케이크 주위에 다시 몰려들었다.

아레스는 자리에서 일어나더니 아프로디테를 보호하려는 듯 곁으로 가서 손을 살포시 감싸 쥐었다. 그러자 아프로디테는 팔 꿈치로 아레스를 쿡 찌르더니 '세상에, 너한테 누나가 있었어?'라는 표정으로 쳐다보았다. 그러더니 에리스를 향해 고개를 돌리고서 환하게 웃으며 말을 걸었다.

"에리스, 만나서 반가워."

아프로디테는 아레스의 손에서 자신의 손을 빼낸 뒤 케이크에 꽂혀 있는 초를 뽑기 시작했다.

"올림포스 학교에 온 걸 환영해. 난 아프로디테라고 해. 아레스가 누나 이야기를 한 번도 한 적이 없다니 믿을 수가 없네."

"정말? 단 한 번도?"

에리스는 검지를 치켜들고서 아레스 앞에 까딱까딱하며 장난스럽게 말했다.

"하긴 넌 나한테도 저 애 이야기를 한 번도 한 적이 없지. 그런데 어쩌니? 내가 《십대들의 두루마리 잡지》의 '이 주의 소문' 란을 즐겨 읽거든."

에리스는 파마 쪽을 힐끗 쳐다보며 말을 이었다.

"너희 둘이 사귄다는 사실은 이미 알고 있어."

아레스는 파마의 기사를 읽은 적 없지만 올림포스 산의 모든 불멸의 존재가 온갖 시시콜콜한 소문의 주인공으로 오르내릴 줄은 알고 있었다. 아레스는 누나의 장난기 가득한 목소리 너머에 어떤 위협이 도사리고 있다는 걸 느꼈다.

'나랑 아프로디테 사이를 훼방 놓으려고 온 걸까? 누나라면 그러고도 남지. 에리스 누나는 그런 일을 재미있어 하니까.'

아프로디테가 칼을 집어 들더니 케이크를 자르기 시작했다. 그러자 아프로디테의 세 단짝이 케이크 조각을 작은 접시에 담아 부지런히 날랐다.

그런 아프로디테의 모습을 지켜보던 에리스가 싱글싱글 웃더니 입을 열었다.

"아레스가 맨 처음 좋아했던 여자애가 떠오르네. 그러고 보니 그 애랑 너랑 꽤 닮았어. 예쁘고, 금발이고, 파란 눈 등등."

아프로디테가 아레스를 바라보며 한쪽 눈썹을 치켜 올렸다.

"정말? 더 자세히 말해 봐."

아프로디테는 놀리듯이 말했지만 솔직히 호기심이 돋았다.

"얘기할 것도 없어."

아레스는 서둘러 변명 아닌 변명을 했다.

"난 그때 겨우 네 살이었는걸. 그 애랑 나랑 같은 신전 어린이집을 다녔거든. 말 그대로 애들 소꿉장난한 거야."

아레스는 이야기 주제를 바꾸려는 듯 손사래를 쳤다. 그러고는 목을 쭉 빼면서 아프로디테 어깨너머로 보이는 케이크를 향해 입맛을 다셨다.

"케이크가 정말 맛있어 보이네."

아레스의 바람대로 아프로디테는 작은 은 접시 위에 큼지막한 케이크 조각 하나를 올려 아레스에게 건네주었다.

아레스는 아프로디테에게 생일 파티를 준비하느라 온갖 고생을 했을 텐데 정말로 고맙고 기쁘다고, 아프로디테를 진심으로 좋아한다고 말하고 싶었다. 그러나 아레스는 그런 '말랑말랑한' 말을 건네는 일에는 영 소질이 없었다. 게다가 다른 남자아이들과 에리스 앞에서는 더더욱 하고 싶지 않았다.

갑자기 에리스가 접시를 들고 있는 아레스 쪽으로 손을 뻗었다.

"고마워. 잘 먹을게."

어찌나 몸놀림이 번개 같은지 아레스가 뭐라고 대꾸할 겨를조차 없었다.

'누나답다, 누나다워. 어릴 때도 누나는 만날 저랬지.'

에리스가 보란 듯이 포크로 케이크를 한 덩어리 푹 잘라 내어 입에 쑤셔 넣었다. 하지만 아레스는 접시를 도로 빼앗을 마음이 없었다. 에리스는 바람 불면 날아갈 것처럼 가냘파 보였지만 그건 겉모습일 뿐이었다. 아레스는 가능한 절대로 누나의 성미를 건드리고 싶지 않았다.

'부디 아이들이 멋모르고 걸러드는 일이 없길 바랄 뿐이야.'

아프로디테는 에리스의 예의 없는 행동에 깜짝 놀란 눈치였다. 가까이에서 무슨 일이 벌어지는지 지켜보고 있던 아이들도 마찬가지였다.

"음, 케이크를 마음에 들어 하니 기쁘네."

아프로디테는 예의 바르게 말한 뒤 케이크를 한 조각 크게 잘랐다. 그러고는 케이크가 놓인 접시를 아레스에게 내밀었다.

"자, 오늘의 주인공님, 여기 있습니다!"

아프로디테는 에리스의 행동을 애써 넘기려는 듯 더 활짝 웃어 보였다.

"아레스 생일을 축하해 주러 와서 정말 반갑고 고마워."

아프로디테는 계속 케이크를 잘라 아이들에게 나눠 주면서 에리스에게 말을 걸었다.

"절대 그냥 지나갈 수 없지."

에리스가 다시 케이크를 한입 먹었다. 순간 에리스의 두 눈동자에 묘한 빛이 번득였다. 아레스한테는 익숙한 눈빛이었다.

에리스가 아프로디테를 빤히 바라보며 말을 꺼냈다.

"아, 그러고 보니 기억나는 일이 있네."

아레스는 속으로 탄식했다.

'오, 이런! 저 꿍꿍이 넘치는 눈빛 좀 봐. 분명 뭔가 말썽을 일으킬 작정인 거야.'

아레스는 바짝 긴장해서 아프로디테 곁으로 더 가까이 다가섰다. 이제부터 누나가 하려는 고약한 말이나 행동으로부터 아프로디테를 지킬 작정이었다.

에리스가 아프로디테를 향해 고개를 갸웃하며 순진무구한 표정으로 물었다.

"네가 그 거품에서 태어났다는 여신 맞지? 부모 없이 태어난 애 말이야."

주위에 서 있던 아이들이 모두 헉하고 기겁했다. 순간 아레스는 아프로디테의 어깨가 경직되는 걸 보았다. 아레스는 화가 치밀어서 주먹을 불끈 쥐며 에리스를 향해 인상을 썼다. 하지만 에리스는 눈도 깜짝하지 않고 혀를 쏙 내밀더니 손가락에 묻은 크림을 쪽쪽 빨아 먹었다.

"음, 맛있네."
"맞아."
 몇 초간 긴장감이 맴돈 뒤 아프로디테가 대답했다.
"내가 그 바다 거품 소녀야."
 아프로디테가 과장되게 밝은 목소리로 대답하자 아레스는 마음이 아팠다. 에리스가 아프로디테의 가장 아픈 곳을 정곡으로 찔렀다는 걸 알기 때문이었다.
'내 여자 친구 기분을 상하게 하려고 일부러 그런 말을 한 거야. 그리고 누나가 바라던대로 됐지.'
 에리스의 얼굴에 비밀스런 미소가 휙 스치고 지나갔다. 에리스는 별일 아니라는 듯 어깨를 살짝 들썩이며 말했다.
"그래, 딱 보니까 너인 것 같더라."
"우아! 아프로디테, 케이크 지이이인짜 맛있어."
 페르세포네가 서둘러 둘의 대화에 끼어들었다. 아테나와 아르테미스도 페르세포네를 거들기 위해 가까이 다가왔다.
"맞아. 입에서 살살 녹아."
 아테나가 흥분한 목소리로 맞장단을 쳤다.
"한 조각 더 먹을 수 있을까?"
 이야기가 끊길세라 아르테미스가 빈 접시를 내밀며 물었다.

아레스는 세 소녀 신들이 단짝 아프로디테를 비롯해 아이들의 주의를 돌리려 나서 준 게 고마울 따름이었다.

심지어 메두사까지 에리스를 향해 인상을 쓰며 아프로디테 곁으로 다가왔다! 머리 위에 돋아난 열두 마리 뱀 역시 에리스를 매섭게 노려보고 있었다. 메두사 역시 예전에 훨씬 심술궂던 시절, 바다 거품에서 태어난 아프로디테를 '뽀글이'라며 놀려 댄 터라 더 마음에 걸려 하는 듯했다.

메두사의 뱀들이 에리스를 향해 사납게 쉿쉿거렸다. 그 모습을 보며 아레스는 속으로 중얼거렸다.

'아, 누나가 불멸의 존재인 게 아쉽네. 인간이라면 메두사의 눈을 똑바로 들여다보는 순간 바로 돌로 변해 버렸을 텐데!'

메두사는 머리 위에 돋아난 열두 마리 뱀 덕분에 그 힘을 얻은 대신 거의 늘 스톤글라스를 껴야 했다. 실수로 인간을 돌로 바꾸는 사태가 벌어지지 않도록 하기 위해서였다. 그런데 어쨌거나 지금 에리스는 메두사를 쳐다보고 있지 않았다. 다른 아이들은 안중에도 없는 듯 에리스는 아프로디테만 빤히 쳐다보고 있었다.

"응, 많이 있으니까 더 먹어도 돼."

아프로디테가 아르테미스의 물음에 대답하고서 허리를 숙이더니 케이크를 더 잘랐다.

"저, 에리스."

페르세포네가 에리스와 아프로디테 사이로 걸어 들어오며 얼른 말을 꺼냈다.

"그럼 아레스랑 둘이 쌍둥이인 거야?"

아레스는 페르세포네의 마음을 이해할 수 있었다. 페르세포네는 새로운 이야깃거리를 꺼내어 에리스가 일으킨 말썽을 수습하려는 것뿐이었다. 또 에리스의 몸집이 워낙 작다 보니 처음 만나는 이들은 대부분 에리스가 누나라는 사실을 믿지 못했다.

'오, 이런! 페르세포네가 어색한 상황을 정리하는 데 소질이 있긴 하지만, 이번 만큼은 다른 소재를 꺼냈어야 했어.'

에리스가 호들갑스럽게 목소리를 높여 대답했다.

"어머, 우린 쌍둥이가 아니야. 내가 훨씬 누나야. 11개월이나 빨리 태어났는걸!"

아레스는 움찔했다. 에리스는 평생토록 그 사실을 아레스에게 상기시켜 왔고 자신이 누나라는 점을 이용해서 모든 일은 자신한테 우선권이 있다고 우겼다.

'만날 나한테 이래라저래라 간섭하고, 날 부려 먹을 때마다 자기가 누나라는 사실을 들먹였지.'

순간 에리스의 눈에 다시 묘한 빛이 떠올랐다.

"아레스, 우리 어렸을 때 기억나?"

에리스는 새 케이크 조각을 접시에 덜더니 우걱우걱 입에 쑤셔 넣으며 말을 꺼냈다.

"너랑 나랑 같이 하던 놀이 있잖아. 내가 위대하고 엄숙한 신전의 여신을 맡고, 넌 내게 선물을 바치고 내 명령을 따르는 인간 시종 역할을 맡았었지. 아, 그때가 좋았어."

에리스는 떠오르는 추억을 만끽하는 듯이 행복한 미소를 지었다. 주위에 있던 아이들이 풋 하고 웃음을 터뜨리자 아레스는 끙 하고 앓는 소리를 냈다.

"맞아. 같은 또래의 남동생과 함께 자란다는 건 참 근사한 일이지."

아르테미스가 불쑥 말을 꺼냈다.

"아폴론이랑 나도 그렇거든. 그런데 우리는 쌍둥이야."

아르테미스는 이제 막 무대에서 내려온 아폴론을 가리켜 보였다. 그러자 에리스가 뭔가 이상하다는 표정을 지으며 아르테미스에게 되물었다.

"아폴론이랑 남매라고? 그런데 너희 '둘 다' 이 학교에 다녀?"

아르테미스는 고개를 열심히 끄덕이며 대답했다.

"응."

탕!

에리스가 접시와 포크를 탁자 위에 던지듯 내려놓더니 아레스를 매섭게 노려보았다.

"너, 나한테는 한 가족 당 한 아이만 올림포스 학교에 다닐 수 있다고 했잖아."

"아! 어, 그게……."

아레스는 우물쭈물 말을 더듬었다. 에리스는 《십대들의 두루마리 잡지》를 구독하면서도 여태 아폴론과 아르테미스가 쌍둥이라는 사실을 몰랐던 모양이었다.

'누나가 우리 학교에 오지 못하게 막느라 그런 규칙이 있다고 거짓말을 했었는데. 이제 들통나 버렸어.'

아레스가 적당한 변명거리를 찾지 못해 더듬거리는 사이, 에리스는 출입문 옆에 놓아둔 자신의 검은색 가방 쪽으로 누군가 몸을 숙이는 걸 알아차렸다.

"애들아! 이 가방 누구 거니?"

가방에 호기심을 보이던 아이가 소리쳐 물었다. 이제 막 파티장에 도착한 판도라였다.

"손대지 마. 내 거야!"

에리스가 버럭 소리를 지르더니 냅다 달려가서 가방을 잡아 챘다.

"어머! 내가 몰래 가져가기라도 했다는 거니, 뭐니?"

판도라가 발끈하더니 가방에서 멀찌감치 떨어져 앞머리를 쓱 쓸어 넘겼다. 물음표 모양 앞머리는 판도라의 끝없는 궁금증을 상징하고 있었다.

아레스는 에리스와 판도라가 그 뒤로 무슨 이야기를 나누었는지 듣지 못했다. 아르테미스가 불쑥 말을 걸었기 때문이었다.

"왜 누나가 있다는 이야기를 하지 않았어?"

"남매가 함께 올림포스 학교에 다니지 못한다는 규칙도 없잖아."

무대에서 내려온 아폴론이 케이크를 먹으며 물었다.

"쉿!"

아레스는 얼른 경고를 보내고 걱정스러운 눈길로 에리스 쪽을 살폈다. 출입문까지 거리가 꽤 있어서 대화 소리가 들릴 염려가 없는데도 조심하려는 눈치였다. 이윽고 아레스가 목소리를 낮춰 사연을 털어놓았다.

"1학년 때 교장 선생님이 날 올림포스 학교로 초대하셨을 때 말이야. 혹시 누나가 여기 따라오려 할까 봐 그렇게 둘러댔어.

솔직히 누나랑 같은 학교에 다니고 싶지 않은데 그런 말을 했다간 펄펄 뛸 테니까.”

아폴론이 고개를 살짝 끄덕이며 대답했다.

“그래. 무슨 말인지 알겠다. 누이란 때로는 꽤나 고통스러운 존재거든. 그 점에서는 내가 누구보다 잘 알지.”

아폴론은 놀리듯이 아르테미스를 쓱 쳐다보았다. 그러자 아르테미스는 아폴론의 어깨를 콕 쥐어박고 싱글싱글 웃으며 대꾸했다.

“오라비도 마찬가지거든.”

그때 아르테미스의 남자 친구 악테온이 아르테미스를 불렀다. 아르테미스가 자리를 뜨고 둘만 남자, 아폴론이 케이크를 먹으며 아레스를 의미심장한 눈으로 쳐다보았다.

“설마 네 누나가 ‘그 정도로’ 괴팍하다는 건 아니겠지?”

아레스는 짐짓 기가 막힌다는 표정을 지어 보이며 대답했다.

“넌 상상도 못할 거야. 아르테미스가 팬티만 입고 있는 널 밖에 세워 두고 집 안에서 문을 잠가 버린 적 있어? 그것도 동네 아이들이 우르르 지나가는 시간에 딱 맞춰서 말이야. 아니면 네가 잠든 사이에 네 머리카락을 밀어 버린 적 있어? 아르테미스가 걸핏하면 원숭이처럼 나무 꼭대기에 올라가서 너한테 사과를 던지던?"

"우아!"

아폴론은 진심으로 놀란 것 같았다.

"누나가 너한테 그런 짓을 했다고?"

아레스는 고개를 끄덕였다.

"내 말 믿어. 에리스 누나는 정말 고통 그 자체야. 나무 꼭대기에서 던진 사과에 맞으면 얼마나 아픈지 아냐? 게다가……."

"생일 축하한다!"

갑자기 천둥 같은 목소리가 울려 퍼지는 바람에 아레스는 놀라 말을 멎었다. 소리가 난 쪽으로 눈길을 돌리니 제우스와 헤라가 당당한 걸음으로 옥상 정원에 들어서고 있었다.

제우스는 2미터가 넘는 장신이라서 아이들을 볼 때 늘 고개를 숙여야 했다. 제우스가 고개를 이리저리 돌리며 상대의 마음을 꿰뚫는 듯한 파란색 눈동자로 생일 주인공을 찾자, 헝클어진 붉은 머리칼과 덥수룩한 수염이 따라 나부꼈다. 오늘도 풍성한 금발을 높이 틀어 올려 맵시를 낸 헤라는 곧바로 아레스를 알아보고서 손으로 가리켰다.

"주인공 여기 있어요!"

헤라가 아레스를 가리킨 바로 그 순간, 포세이돈이 크게 소리쳤다. 포세이돈과 아폴론의 룸메이트인 디오니소스가 아폴론 곁에 서서 싱글싱글 웃으며 아레스를 가리키고 있었다.

　제우스는 세 걸음 만에 정원을 가로질러 아레스 앞에 섰다. 그러더니 두툼한 손을 내밀며 아레스에게 악수를 청했다. 옥상 정원의 열린 지붕으로 노을빛이 비쳐 들자 제우스의 황금 팔찌가 화려한 빛을 발했다.

　"그래, 아레스. 네가 올해로 몇 살이냐? 열다섯인가?"

　제우스가 묻자, 아레스가 웅얼웅얼 대답했다.

　"어, 예. 대충 그 정도쯤 돼요."

　아레스는 굳이 사실을 말하려 하지 않았다. 제우스의 말에 토를 달아 봤자 본전도 찾지 못하는 경우가 더 많았다. 게다가 교장 선생님이 자신을 훨씬 성숙하게 보고 있었다고 생각하니 은근히 자부심도 들었다. 제우스는 종종 아이들을 제 나이보다 어리게 보고, 과소평가하는 편이었다. 그래서 아레스는 그 말이 더 특별하게 느껴졌다.

　'학생들 이름도 잘 못 외우는 편이신데 내 이름은 기억하고 계시잖아. 야호!'

　아레스는 그것만으로도 큰 선물을 받은 셈이라 생각했다. 그런데 제우스가 튜닉 호주머니에 손을 넣더니 작은 꾸러미를 꺼냈다. 반짝이는 보라색 종이로 잘 싸고, 우아한 은색 리본을 곱게 묶은 포장이 깔끔하면서도 세련되어 보였다.

"자, 선물 받으렴. 헤라가 손수 꾸렸단다."

아레스 역시 짐작하던 바였다. 제우스는 '깔끔', '세련' 하고는 거리가 멀었으니까. 선물 포장은 말할 것도 없었다. 만약 제우스가 직접 준비했다면, 사실 아레스가 아는 사내아이들 대부분이 마찬가지지만, 애초에 포장 같은 건 신경도 쓰지 않았을 터였다.

포장을 뜯어 보니 안에 책이 들어 있었다. 아레스는 책 제목을 소리 내어 읽었다.

"《깃발 뺏기 및 각종 전쟁 놀이에서 승리하는 법》. 우아, 완전 근사한데요! 고맙습니다!"

아레스는 진심으로 기뻐서 소리쳤다.

"템플 게임에 나가려고 훈련 중이거든요. 이 책이 큰 도움이 될 것 같아요."

"제우스 교장 선생님, 안녕하세요?"

어느새 곁으로 다가온 에리스가 제우스와 아레스 사이에 쓱 끼어들어 섰다.

"아야!"

아레스가 낮게 신음을 터뜨렸다. 에리스가 들고 있던 가방에 팔꿈치를 치였기 때문이었다. 가방 안에 든 물건이 무엇인지 몰라도 딱딱하고 울퉁불퉁한 형태인 건 분명했다.

제우스는 놀란 듯이 눈썹을 추켜세우며 에리스를 내려다보았다. 제우스가 인상을 찌푸리며 말했다.

"넌 누구……?"

"이 아이는 에리스라고 해요. 아레스와 남매라는군요."

헤라가 에리스 곁으로 다가서며 다정하게 말했다.

"어제 에리스가 내 가게에 들렀는데, 이야기를 나누다 보니 아레스의 생일 파티에 대해서 전혀 모르고 있더라고요."

헤라는 불멸 쇼핑센터에서 각종 결혼식용 장식품과 도구, 웨딩드레스를 파는 '헤라의 해피엔딩'이라는 가게를 운영하고 있었다.

"아마 헤르메스의 택배 전차에서 초대장이 분실된 것 같아요."

헤라가 설명을 이었다.

"그래서 내가 초대했어요. 끝이 좋으면 다 좋은 거잖아요."

'아하, 이제야 수수께끼가 풀렸군.'

아레스는 속으로 중얼거렸다.

'누나를 초대하면 내가 기뻐할 거라 여기신거로군. 완전 잘못

짚으셨지만 그렇다고 헤라 님을 탓할 수는 없지.'

에리스는 헤라를 향해 환하게 웃어 보이고서 아레스에게 눈길을 돌렸다.

"네 생일 선물을 사려고 불멸 쇼핑센터에 갔거든. 넌 나의 '사랑하는' 동생이니까."

에리스가 다정한 말투로 말하며 검은색 가방을 꼭 끌어안았다.

'엉? 혹시 저 안에 내 선물이 들어있는 거라면 난 정말 사양하고 싶어.'

아레스는 에리스가 헤라와 이야기 나누는 틈을 타서 아폴론에게 나직하게 투덜거렸다.

"난 평생 누나한테 선물 같은 건 받아본 적이 없어. 세 살 때 누나가 개똥을 준 적이 있는데 그걸 선물로 친다면 모를까. 나한테 개똥을 사탕이라고 그랬어."

"진짜야?"

아폴론은 꽤나 충격을 받은 듯했다.

"진짜야. 다행히 내가 누나 말을 곧이곧대로 믿을 만큼 멍청하지는 않았지."

아레스는 제우스 부부와 이야기를 나누는 에리스를 경계하는 눈빛으로 지켜보았다.

"다섯 살 때 누나가 망토를 준 적도 있었지."

아레스는 다른 아이들이 엿듣지 못하도록 목소리를 바짝 낮춘 채 이야기를 이어갔다.

"망토 등판에 '날 걷어차 주세요.'라고 쓰여 있었어."

아폴론은 대번에 푸핫 하고 웃음을 터뜨렸다.

"웃을 일이 아니야!"

아레스가 발끈했다.

"그때 난 글을 읽을 줄 몰랐어. 그래서 나보다 나이 많은 형들이랑 엄청 싸웠단 말이야."

"그 형들이 널 걷어찼어?"

"응, 한 번 이상은 시도 못했지만."

아레스는 '이유는 말 안 해도 알지?' 하는 표정으로 아폴론을 쓱 쳐다보았다.

제우스와 헤라가 판도라의 질문에 대답하려 고개를 돌리자, 디오니소스가 에리스에게 말을 걸었다. 디오니소스의 보라색 눈동자에 장난기가 가득했다.

"아레스 생일 선물을 웨딩 숍에서 골랐다고?"

디오니소스의 질문을 들은 포세이돈이 풋 하고 웃음을 터뜨렸다. 그러고는 제우스 부부에게 케이크를 가져다주는 아프로디테를 짐짓 바라보며 말을 꺼냈다.

"그래, 에리스. 너무 서두른 감이 있지 않아?"

포세이돈은 늘 들고 다니는 삼지창을 빙글빙글 돌리며 신나게 웃어 댔다.

포세이돈의 눈길이 누구를 향해 있는지 보더니 에리스도 따라서 까르르 웃음을 터뜨렸다.

아레스는 얼굴이 화끈 달아올랐다. 그렇다고 아이들의 놀림에 창피해 하고만 있을 수는 없었다.

"하!"

아레스는 기도 안 찬다는 표정을 지었다. 마침 기둥에서 창 모양 장식 하나가 떨어지려 하자 아레스는 일부러 그걸 집어 들고서 창끝이 얼마나 날카로운지 확인했다.

헤라가 아이들의 농담을 들었는지 아레스를 향해 너그러운 미소를 지었다.

"에리스가 자신이 누구인지 밝히면서 널 본 지 오래 되었다는 말을 하더구나. 그렇다면 누나가 직접 오는 것보다 더 좋은 선물이 어디 있겠나 싶어서 초대했단다."

그 말을 듣더니 제우스가 살짝 인상을 찌푸렸다. 헤라는 알아차리지 못했지만, 주위에 있던 학생들은 모두 제우스의 얼굴이 어두워지는 걸 보고 불안해 했다. 아레스도 은근히 긴장되었다.

'흠, 이러다 번개가 떨어질지도 모르니 미리 몸을 피해야 하는 거 아냐? 누군가를 올림포스 학교에 초청하려면 반드시 교장 선생님 허락 먼저 받아야 하는데. 헤라 님께서는 그걸 모르시는 걸까?'

때마침 아프로디테가 케이크를 들고 교장 선생님 부부 앞에 섰다.

"오오오, 초콜릿!"

제우스는 어린아이처럼 눈을 반짝반짝 빛내며 소리쳤다.

"내가 좋아하는 맛이로구나!"

헤라도 케이크를 한입 먹어 보더니 맛있다며 칭찬을 했다.

"여보, 에리스를 초대한 것 때문에 기분 상한 건 아니죠?"

헤라가 걱정스러운 목소리로 물었다. 학교 규칙을 위반한 건 알지만 이번 만큼은 자기 뜻을 알아주기를 바라는 듯했다.

케이크를 먹고 기분이 좋아진 제우스는 난처한 상황을 받아들이기로 한 모양이었다.

"사랑하는 여보, 괜찮아요."

제우스는 한층 목소리를 키우며 선언하듯 말했다.

"당신을 위해서 그리고 오직 당신한테만 예외를 주겠소."

제우스는 매서운 눈길로 파티장 안을 쭉 훑어보았다. 모두에게 자신의 뜻을 분명히 전하려는 듯했다.

"고맙습니다!"

에리스가 사랑스럽게 대답했다. 목소리에서 넥타르가 뚝뚝 떨어지는 것 같았다. 에리스는 들고 있던 가방을 꽉 끌어안은 채 제자리에서 방방 뛰었다.

"여기 오게 되어서 정말 신나요!"

천진난만한 에리스의 모습에 제우스와 주위에 있던 모든 이들이 빙그레 웃었다. 그러나 아레스는 속지 않았다.

'난 누나를 믿지 않아. 조금도!'

하지만 상황이 이러니 아레스도 파티가 끝날 때까지 성가신 누나의 존재를 받아들일 수밖에 없을 것 같았다. 정확히 얼마나 걸릴지 모르겠지만, 두어 시간 정도만 견디면 될 듯 싶었다.

'아, 부디 그래야 할 텐데!'

3 파티라면 게임하지

"교장 선생님?"

아프로디테가 소리가 나는 곳으로 고개를 돌려 보니 머리가 아홉 달린 히드라 선생님이 제우스를 부르고 있었다. 아홉 머리마다 색깔과 성격이 모두 다른 히드라 선생님은 행정실 업무와 제우스의 비서 역할을 함께 맡고 있어서 늘 바빴다.

"학기 말 성적이 나오면 알려 달라고 하셨죠?"

일을 가장 잘하는 회색 머리 선생님이 옥상 정원 출입문 안으로 긴 목을 들이밀며 말했다.

"결과가 나와서 교장 선생님 책상 위에 올려놓았어요."

"수고했어요!"

제우스가 우렁차게 대답했다.

"가서 살펴보도록 하겠소."

제우스는 새 케이크 접시를 집어 들더니 휙 돌아서서 문 쪽으로 향했다. 제우스가 문을 나서는 틈에 성격이 활발한 노란 머리 선생님이 회색 머리 선생님 옆으로 고개를 내밀고 안을 들여다보았다.

"어머나, 파티를 하는 중이네! 아유, 근사해라!"

"아레스의 생일이거든요."

아프로디테가 설명하는 사이, 나머지 일곱 머리도 고개를 쏙쏙 들이밀더니 목을 쭉 빼고서 파티장을 구경했다.

"아레스, 생일 축하한다!"

히드라 선생님의 아홉 머리가 입을 모아 외쳤다. 목소리 주인이 누구냐에 따라 축하 인사가 활기차기도 하고, 퉁명스럽거나 조급하게 들리기도 했다.

"히드라 선생님, 고맙습니다."

아레스가 소리쳐 대답하자, 아프로디테의 눈길이 자연스레 그쪽으로 향했다.

'어머, 아레스 좀 봐. 그사이에 또 장난감 창을 들고 흔들고 있네. 그런데 눈은 계속 에리스를 쫓고 있어. 말투도 뭔가 묘하고

말이야. 그러고 보니 에리스가 온 뒤부터는 내내 행동이 좀 이상해. 무슨 일이지?'

그때 히드라 선생님이 제우스를 따라 옥상 정원을 떠날 채비를 했다.

"히드라 선생님, 잠깐만요! 케이크 좀 드릴 테니 행정실에서 드세요."

아프로디테는 얼른 탁자로 가서 가장 커다란 케이크 조각이 담긴 접시를 집어 들었다.

'아홉 분이 나눠 드시려면 양이 이 정도는 되어야 할 거야.'

노란 머리 선생님이 기뻐하며 대표로 고맙다는 인사를 건넸다. 마침내 히드라 선생님이 자리를 뜨자 옆에 서 있던 페르세포네가 말장난을 했다.

"히드라 선생님이 가져간 케이크가 가장 히드라."

그 말을 들은 아프로디테는 빙그레 웃어 보였지만 머릿속은 아레스의 이상한 행동 때문에 복잡하기만 했다.

"크르르! 으르렁! 쉿! 쉿!"

'이건 또 무슨 소리지?'

아프로디테는 낯선 소리의 진원지를 찾고자 주위를 휘휘 둘러보았다. 제우스를 따라가지 않은 헤라가 의붓딸인 아테나와 다정하게 대화를 나누고 있고 아레스의 누나는 아르테미스, 메두사와 뭔가를 이야기하는 중이었다. 그런데 아르테미스의 사냥개 세 마리와 메두사의 뱀 열두 마리가 아도니스처럼 에리스를 잔뜩 경계하고 있었다. 사냥개들이 으르렁거리며 그 자그마한 소녀 앞에서 슬금슬금 물러나더니 다리 사이에 꼬리를 말아 넣고 아폴론을 향해 도망쳤다. 메두사의 뱀들은 에리스한테서 최대한 멀어지려는 듯 몸을 뒤로 빼고 에리스를 불안하게 쳐다보며 쉿쉿거렸다.

갑자기 강한 손길이 아프로디테의 팔을 잡아끌었다. 놀란 아프로디테가 위를 올려다보니 어느새 아레스가 곁에 와 있었다.

"저기, 음……. 우리 누나 말이야."

아레스가 너무 미안해 하고 걱정하는 눈치를 보이자 아프로디테는 무슨 일 때문인지 퍼뜩 깨달았다.

'아하, 아까 에리스가 했던 바다 거품 이야기 때문에 내가 속상해 할까봐 걱정하는 거로구나. 다정하기도 해라!'

아레스가 다시 운을 떼려 하자 아프로디테가 먼저 말을 꺼냈다.

"썩 눈치 있는 편은 아닌 것 같더라? 괜찮아. 일부러 내 기분을 상하게 하려고 그런 건 아닐 거야."

바로 그때 에리스가 아프로디테와 아레스 쪽으로 눈길을 돌리더니 눈빛을 번득였다. 아레스가 미처 뭐라고 말하기도 전에 에리스가 먼저 소리쳤다.

"아프로디테, 파티니까 분위기 띄우게 게임 한 판 어때?"

"좋아."

아프로디테가 대답하자, 손님들도 구미가 돋는지 웅성거리기 시작했다.

"무슨 놀이할까?"

아프로디테가 방 안을 둘러보며 물었다.

"눈 가리고 트로이 목마 꼬리 붙이기 할까? 신전 기둥 젠가? 아니면 올림포스폴리 보드 게임은 어때?"

"난 다 좋아."

페르세포네가 목청 높여 대답했다. 페르세포네는 남자 친구 하데스와 함께 간식거리가 마련된 탁자 옆에서 과자를 먹고 있었다.

"아, 진실 혹은 대담만 빼고."

페르세포네가 얼른 덧붙이자 나머지 세 단짝들이 까르르 웃음을 터뜨렸다. 모두가 페르세포네가 얼마 전 그 놀이를 하다가 무슨 일을 겪었는지를 떠올리고 있었다. 그 당시 페르세포네는 평소와 달리 '대담'을 골랐다가 슈퍼스타 오르페우스의 콘서트 무대 위에 올라가는 해프닝을 겪었다!

"진실게임은 어때?"

에리스가 제안하자, 아레스는 대놓고 인상을 벅벅 구기며 짜증을 냈다.

"재미있을 것 같아."

아프로디테가 얼른 맞장단을 치면서 팔꿈치로 아레스의 옆구리를 슬쩍 찔렀다.

'에리스 때문에 속상하긴 했지만 그래도 아레스의 짜증에 에리스가 기분 상하지는 않았으면 해.'

"오오!"

파마가 잔뜩 흥분해서 소리쳤다. 파마가 말을 할 때마다 입에서 구름 글자가 퐁퐁 솟아올랐다.

"나 그 놀이 진짜 좋아해. 에로스, 우리 지난 번 언론인 모임에 갔을 때 전차 안에 있던 애들이랑 내내 그 놀이했잖아. 기억나?"

"애들아, 잠깐만……."

아레스는 어떻게든 상황을 막아 보려 했지만, 에로스가 먼저 대답했다.

"아, 맞다. 자신에 대해서 세 가지를 말하는데 그중 두 가지는 진실을, 하나는 거짓을 말하는 거지?"

이번에는 에리스가 에로스의 말을 받았다.

"맞아. 그럼 나머지 아이들이 거짓을 골라 내는 거야. 한 판이 끝날 때마다 점수가 가장 낮은 아이는 놀이에서 빠져야 해. 결국 끝까지 살아남은 아이가 승자가 되는 거지."

에리스의 설명을 듣던 아폴론이 얼굴을 찌푸리며 대꾸했다.

"거 참 재미있기도 하겠다. 난 그냥 눈 가리고 트로이 목마 꼬리 붙이기에 한 표 던질래. 같이 할 아이들은 이쪽으로 와."

아폴론은 곧바로 마법 주문을 외우더니 1미터 크기의 목마 모양 그림판을 만들어 냈다. 어느새 손에는 목마에 붙일 꼬리까지 들고 있었다. 그러자 흥이 오른 디오니소스도 나섰다.

"이야, 재미있을 것 같은데. 혹시 누가 눈가리개 가지고 있어?"

남자아이들은 모두 에리스 쪽보다 아폴론의 제안을 열렬히 지지했다. 아르테미스와 몇몇 여자아이들도 마찬가지였다. 남자아이 중에서 아레스만이 유일하게 망설이고 있었다. 아레스는 에리스와 아폴론 쪽을 번갈아 보며 어쩔 줄 몰라 했다.

"어서 가 봐."

아프로디테가 아레스를 부추겼다.

"너라면 진실게임을 하느니 차라리 모의 전투할 때 분홍 키톤을 입을 거라는 거 알고 있어. 게다가 넌 트로이 목마에 꼬리 붙이기 놀이를 아주 좋아하잖아. 그러니까 어서 가 봐. 오늘은 네 생일인 걸. 재미있게 보내야지!"

아프로디테는 아레스를 친구들 쪽으로 살며시 밀었다. 결국 아이들은 두 무리로 나뉘어 각각 정원 양쪽 끝에 모여 섰다. 아폴론은 사실상 아레스를 남학생 무리 쪽으로 끌고 가다시피 데리고 갔다.

"우리 둥글게 둘러앉자. 그래야 더 놀기 편해."

파마가 안달이 나서 제안하자, 아프로디테와 다른 여자아이들이 의자를 끌고 왔다. 그사이 반대편에서는 꼬리 붙이기 게임이 시작되었다. 아프로디테가 그쪽을 쳐다보았더니 커다란 종이 목마가 히힝거리고 발을 구르면서 첫 번째 술래한테서 도망칠 준비를 하고 있었다. 그런데 아무래도 아레스가 술래가 될 듯했다. 친구들이 하하 웃으면서 오늘의 주인공이 먼저 술래를 맡아야 한다고 농담 반 진담 반으로 우기고 있었다.

"내 가방이 어디 갔지?"

갑자기 에리스가 퉁명스럽게 말을 내뱉는 바람에, 아프로디테는 얼른 주의를 돌렸다.

"어머!"

동시에 헤라가 화들짝 놀라며 낮게 비명을 지른 뒤 말했다.

"보다시피 여기 있구나."

아마도 파티장을 떠나려고 출입문 쪽으로 가다가 문제의 가방에 발이 걸려 넘어질 뻔한 모양이었다. 이어 헤라가 가방을 집어 들었다. 그런데 하필 가방을 거꾸로 드는 바람에 가방 안에서 반짝이는 황금빛 물체가 빠져나오려 했다. 헤라는 그 물체가 바닥에 떨어지기 전에 얼른 붙잡았다.

에리스가 후다닥 가더니 가방을 빼앗다시피 낚아챘다.

"고맙습니다. 제가 처리할게요."

에리스는 황금빛 물체를 가방 안으로 쑤셔 넣고서 얼른 여자아이들이 모여 앉은 자리로 돌아왔다. 그런데 헤라가 옥상 정원을 떠나지 않고 그 자리에 가만히 서서 에리스를 빤히 쳐다보고 있었다. 헤라는 무언가를 몹시 원하고 있는 듯한 표정을 짓고 있었다.

"게임에서 끝까지 살아남으면 무슨 상이라도 받는 거니?"

판도라가 에리스에게 물었다.

"좋은 질문이야."

에리스는 아테나와 아프로디테 사이에 굳이 비집고 들어가서 자리를 잡더니 가방을 열고 안에서 무언가를 꺼냈다. 그것은 바로 트로피였다! 길이는 25센티미터 정도인데, 가늘고 긴 황금 받침대 위에 아주 반짝반짝 광이 나는 황금 사과가 놓여 있었다.

'어머, 저 애는 뭐 저렇게 이상한 물건을 가지고 다닌데?'

아프로디테는 에리스 너머로 아테나와 눈길을 주고받았다. 아테나도 영 엉뚱하지 않느냐는 표정을 짓고 있었다.

'에이 뭐 어때. 어쨌든 에리스는 아레스의 가족이잖아.'

아프로디테는 에리스의 유별난 면을 받아들이고 친구가 되기로 마음먹었다.

그때 방 반대편에서 갑자기 환호성이 터져 나왔다. 아프로디테가 눈길을 돌려 보니 아레스가 눈가리개를 하고서 열심히 술래를 맡고 있었다. 아마도 트로이 목마를 찾아 앞으로 돌진했다가 아슬아슬하게 비껴가고서 다시 뒤쫓는 중인 듯했다.

"자, 자세히 봐."

에리스가 누군가에게 말하는 소리가 들렸다. 아프로디테가 다시 고개를 돌렸더니 에리스가 아테나에게 트로피를 내밀고 있었다. 에리스의 두 눈이 황금빛 트로피만큼이나 묘하게 반짝

였다.

"그래."

아테나는 시큰둥한 눈치였지만 그래도 트로피를 예의 바르게 받아들었다. 그사이 몇몇 여자아이들이 의자를 더 가지고서 모여들었다. 그런데 트로피를 손에 들고서부터 아테나의 얼굴이 서서히 환해졌다.

"우아! 멋지다. 정말 아름다워."

아테나가 욕심이 묻어나는 목소리로 말했다. 아테나는 트로피를 한 손으로 받치고 다른 손으로 황금 사과를 감싸 쥐었다.

"지금까지 보았던 트로피 중에 가장 아름다운 것 같아!"

"내 생각도 그래. 정말 매끄럽지 않니? 모양도 완벽하고 말이야."

또 다른 목소리가 탄성을 터트렸다. 헤라였다. 파티장을 떠나려다가 마음을 바꾸었는지 아예 의자를 가지고 와서 자리를 잡고 앉아 있었다. 아테나의 반대편, 즉 아프로디테로부터 두

명 너머 자리였다.

"제 말이 그 말이에요!"

아테나가 열심히 고개를 주억거리며 대답했다.

"진짜 사과 같아요!"

아프로디테는 깜짝 놀라서 두 여신을 말끄러미 쳐다보았다.

'어, 저기요? 저건 그냥 트로피일 뿐이거든요? 내가 보기엔 다른 트로피보다 더 나쁜 것도 더 나은 것도 없는데. 헤라 님과 아테나가 갑자기 왜 저렇게 야단스럽게 구는 거지?'

아프로디테가 아는 한 헤라는 쾌활하고 상냥하지만 허튼소리를 하지도 받아 주지도 않는 성격이었다.

'다른 건 몰라도 헤라 님은 절대 욕심 많은 분이 아니야! 아테나도 늘 분별력 있게 행동하고 호들갑 떠는 법이 없는 아이인데.'

아테나는 올림포스 학교 최고의 영재라서 지금까지 수많은 상을 받았다. 아테나가 올리브를 발명한 기념으로 한 도시의 이름을 아테네라고 지은 일도 있었다.

'그런 아테나가 왜 저런 평범한 트로피에 열광하는 거지?'

헤라가 게임을 하기 위해 모여 있는 여자아이들을 둘러보며 말했다.

"애들아, 나도 함께해도 될까?"

에리스는 약간 불안해 하는 눈치를 보였지만, 아프로디테는 선뜻 대답했다.

"그럼요. 앉으세요."

물론 헤라는 아프로디테의 대답을 듣기도 전에 이미 자리를 잡고 앉아 있었다.

이번에는 에리스가 트로피를 돌려 달라는 듯이 아테나에게 손을 내밀며 말했다.

"자, 이제 아프로디테한테도 보여 주자."

아테나는 대답 대신 슬쩍 인상을 찌푸리며 트로피를 가슴에 꼭 끌어안았다. 하지만 이내 자신이 지금 얼마나 이상한 행동을 했는지를 깨달은 듯 마지못해 트로피를 건넸고, 에리스는 곧바로 트로피를 아프로디테의 손에 쥐어 주었다.

"어머, 고마워. 그러고 보니 이 트로피는 무척……."

아프로디테는 고개를 주억거리며 말을 꺼내려다가 헉하고 숨을 몰아쉬었다. 갑자기 그 트로피가 얼마나 아름다운지 눈에 확연히 보였기 때문이었다.

'원래는 한 번 쓱 보고 돌려줄 생각이었는데……. 솔직히 자기가 받지도 않을 트로피에 누가 관심을 가지겠어? 그런데 일

단 손에 쥐고 나니까 헤라 님이나 아테나가 왜 이 트로피에 매혹되었는지 알 것 같아.'

아프로디테의 입에서 감탄이 절로 터져 나왔다.

"오, 신이시여. 정말 기품 넘치는 트로피야!"

아프로디테는 반짝이는 황금 사과를 손끝으로 살며시 쓰다듬었다. 문득 보니 트로피 받침에 글자가 쓰여 있었다. 아프로디테는 받침을 가까이 들여다보면서 나직한 목소리로 그 글귀를 읽었다.

"가장 아름다운 자에게."

아프로디테의 심장이 빠르게 뛰기 시작했다.

'그렇다면 이 트로피는 결국 내 손에 들어오게 될 운명이라는 거잖아. 난 사랑과 미의 여신이니까. 가장 아름답다는 건 가장 예쁘다는 뜻 아니겠어? 물론 내 외모에 대해서 자만하는 건 아니야. 하지만······.'

아프로디테가 생각에 잠겨 있는 사이, 늘 호기심 넘치는 판도라의 목소리가 들려왔다.

"자, 이제 시작할까? 아, 맞다. 넌 그 트로피를 어디서 구한 거야? 사과 따기 대회에서 우승하기라도 한 거니?"

에리스는 판도라의 세 가지 질문 중에서 하나만 대답했다.

"불멸 쇼핑센터의 '영웅 만들기'라는 가게에서 샀어. 어제 헤라 님의 웨딩 숍에 갔다가 그곳에 들렀거든. 주인이 아주 특별한 물건이라고 장담하더라."

"도로스 씨 말이니?"

메두사가 짜증난다는 듯이 콧방귀를 흥 뀌며 말했다.

"그 아저씨는 거짓말쟁이에 사기꾼이야!"

이어 메두사는 어깨를 한 번 들썩이며 덧붙였다.

"하긴 그 아저씨가 장사를 잘하긴 해. 예전에는 에게 해 연안에 있는 내 고향 마을 근처에 가게를 달랑 하나 두고 있었거든. 그런데 이제 불멸 쇼핑센터에 2호점을 냈으니 크게 발전한 셈이지."

도로스 씨는 예전에 메두사에게 초상권을 사겠다며 돈을 건넨 적이 있었다. 그래놓고서 장난감 방패에 메두사의 모습을 흉측하게 그려 넣고, 방패에 마법의 힘이 있다며 거짓 광고를 했다. 키가 작고 뚱뚱한 도로스 씨는 늘 검은 머리칼을 뒤로 싹싹 빗어 넘기고, 콧수염은 빳빳하게 말아서 기르고, 노란색과 검정색이 섞인 격자무늬 튜닉을 입었다.

아프로디테는 속으로 생각했다.

'메두사 말이 맞을지도 몰라. 그렇게 패션 감각이 꽝인 사람

을 어떻게 믿을 수 있겠어?'

그때 아프로디테 옆에 앉아 있던 페르세포네가 트로피를 향해 손을 뻗으며 물었다.

"봐도 돼?"

"안 돼!"

아프로디테는 페르세포네가 만지지 못하게 몸을 뒤로 휙 뺐다. 페르세포네는 깜짝 놀라기도 하고 기분이 좀 상한 듯했다. 둘러앉아 있던 다른 아이들도 아프로디테가 왜 저렇게 발끈하는지 이해할 수 없다는 눈길로 바라보았다.

'그러거나 말거나 무슨 상관이야?'

아프로디테는 몽롱하게 반짝이는 트로피의 아름다움에 점점 더 매혹되었다. 도저히 손에서 놓을 수가 없었다. 아프로디테는 트로피를 영원히 차지하기 위해서 게임에서 반드시 이기고 말겠다는 강력한 충동에 휩싸였다.

다음 순간 에리스가 아무런 말도 없이 아프로디테 손에서 트로피를 휙 낚아챘다.

"어머, 얘!"

아프로디테가 발끈했다. 세상에서 가장 친한, 황금빛으로 반짝이는 친구를 잃은 기분이었다.

이리스는 아프로디테를 무시하고 주변에 둘러앉은 아이들과 헤라를 둘러보았다.

"판도라 말이 맞아. 어서 게임을 시작하자!"

바로 그때 아레스와 아폴론이 여자아이들 무리로 다가왔다. 두 소년을 본 에리스는 인상을 팍 찌푸리더니 트로피를 얼른 가방에 쑤셔 넣었다.

"너희들 여긴 웬일이야?"

에리스가 따지듯이 묻자, 아레스가 냉큼 대답했다.

"저쪽 게임에서 일찌감치 밀려났어."

곁에 있던 아폴론이 어리둥절한 표정으로 설명을 더했다.

"아레스가 이렇게 게임을 못하는 건 처음 봤어. 진짜야! 일부러 지고 싶어 하는 것처럼 보일 정도였다니까. 과녁에서 어찌나 멀리 떨어졌는지 하마터면 목마 꼬리를 나한테 꽂을 뻔했어!"

아레스는 억지웃음을 하하 웃으며 대꾸했다.

"에이, 과장이 좀 심하잖아. 어쨌든 우리도 같이 해도 되지?"

여자아이 몇몇이 옆으로 비켜 자리를 마련해 주자, 아레스가 의자 두 개를 가져와서 아폴론과 함께 앉았다. 아폴론은 '너 대체 왜 그래?'라고 묻는 듯한 눈빛을 아레스에게 날렸다.

마침내 에리스가 대답했다.

"뭐, 생일 주인공이 끼고 싶다는데 어쩌겠어?"

에리스는 어떻게든 빨리 게임을 시작하려는 것 같았다. 둥글게 모여 앉아 있는 참가자들을 쭉 돌아보며 에리스가 물었다.

"누가 먼저 할래?"

헤라가 두 손을 싹싹 비비며 대답했다.

"내가 먼저 시작할게."

그러자 아프로디테와 아테나가 동시에 콧방귀를 꼈다.

"흥!"

아프로디테는 속으로 투덜거렸다.

'어휴, 우리끼리 하는 게임에 끼시다니. 헤라 님은 도대체 무슨 생각이신 거야? 이건 학생들 파티라고요. 하여간 어른들은 아이들이 즐겁게 논다 싶으면 꼭 찬물을 끼얹는다니까. 아니, 왜 갑자기 우리랑 어울리겠다고 나서시는 거지?'

"자, 지금부터 내가 하는 말 중 두 가지는 진실이고, 한 가지는 거짓이야."

헤라가 활기차게 이야기를 이어갔다.

"난 제우스에게 춤추는 법을 가르쳐 줬어. 내 금발은 염색한 거야. 난 깃털 알레르기가 없어."

아프로디테는 첫 번째 말이 사실이라고 확신했다. 제우스와 헤라가 사귀기 시작한 뒤부터 제우스의 춤 실력이 훨씬 늘었기 때문이었다. 그리고 헤라의 전차는 공작이 끌고 있으니 깃털 알레르기가 없다는 것도 맞는 말임이 분명했다. 심지어 헤라는 가끔 공작 깃털로 머리 장식을 할 때도 있었다.

'그렇다면 금발로 염색했다는 말이 거짓말이야. 하긴 헤라 님 머리카락 색은 정말 자연스러우니까 거짓말이라고 해야 오히려 납득이 돼.'

아이들이 돌아가며 자신이 생각한 답을 이야기했다. 결국 세 명 빼고 모두 헤라가 금발로 염색했다는 말이 거짓임을 맞추었다. 정답을 맞힌 아이들은 1점을 받았고, 헤라는 틀린 아이의 수대로 3점을 얻었다.

다음은 판도라가 술래가 되었다.

"난 빨간색과 초록색을 좋아할까? 난 질문하는 걸 좋아할까? 난 마법 예언 구슬을 가지고 있을까?"

"어, 그건 모두 질문이잖아."

에리스가 잠시 생각하더니 말을 이었다.

"그럼 답이 '아니'라는 것에 해당하는 질문을 고르도록 하자."

이번 판은 식은 죽 먹기였다. 판도라가 올림포스 학교의 상징색이자 자신의 앞머리 색이기도 한 파란색과 금색을 좋아한다는 건 모두가 아는 사실이었다. 결국 판도라는 점수를 얻지 못했고, 나머지 참가자들은 모두 1점을 받았다. 게임이 이어졌고, 아폴론이 술래를 맡을 차례가 되었다.

아폴론은 잠시 생각해 보더니 입을 열었다.

"난 미래를 볼 수 있어. 난 쌍둥이 남매로 태어났어. 난 피톤을 좋아하지 않아."

옆에 앉아 있던 아레스가 바로 끙 신음 소리를 냈다.

"야, 세 가지 다 진실이잖아."

아폴론은 씩 웃으며 어쩌겠냐는 듯이 어깨를 들썩여 보였다.

"난 진실의 신이잖아. 거짓말을 할 수가 없어."

에리스가 기가 찬다는 듯이 콧방귀를 흥 뀌더니 아폴론을 향해 인상을 썼다.

"그럼 넌 빵점이야. 우리는 모두 1점씩 받을 거고."

다음 차례는 아레스였다.

"내 삼지창은 창살이 네 개야. 난 수영을 못해. 난 올리브를 발명했어."

아프로디테를 비롯해서 모두들 아레스를 빤히 쳐다보았다.

"삼지창은 당연히 창살이 세 개지. 게다가 넌 삼지창을 가지고 있지도 않아."

아프로디테가 한마디 하자 아폴론도 거들었다.

"네가 왜 수영을 못하냐? 완전히 선수 수준이지."

아테나까지 나섰다.

"올리브는 내가 발명했어."

아프로디테는 남자 친구의 유별난 유머 감각에 어안이 벙벙해서 웃음이 났다.

"그렇다면 세 가지 모두 다 거짓말이잖아. 차라리 포세이돈이 그 말을 했으면 더 그럴싸했을 거야."

아레스는 아프로디테를 마주 보며 씩 웃더니 농담을 던졌다.

"아폴론은 거짓말을 못하고, 난 진실한 말을 못하는 거지."

물론 그 말도 사실이 아니었지만 아레스의 농담이 재미있어서 다들 너털웃음을 터뜨렸다. 에리스만 빼고. 에리스는 얼굴이 빨갛게 달아올라서 발을 쾅쾅 굴렀다.

"야, 너희 장난칠래? 진지하게 안 할 거야?"

에리스가 매섭게 쏘아붙이자 아프로디테는 깜짝 놀랐다.

'어머! 에리스도 불같은 성미가 있구나. 예전의 아레스 못지않아. 저런 성격의 누나와 자라다니, 아레스의 강한 경쟁심이 어디서 왔는지 이제 알겠다.'

에리스가 버럭 화를 내자 게임 참가자들은 더 열심히 규칙을 따르려 노력했다. 하지만 다들 술래가 내어 놓은 거짓말을 쉽게 골라냈다. 예를 들면 메두사는 "난 불멸의 존재야."라고 했는데, 난생 처음 메두사를 만나는 이라도 그 말이 거짓말이란 걸 바로 알 수 있었다. 불멸의 존재는 몸에서 은은한 빛이 나기 때문이었다. 빛도 빛이지만 메두사는 피부가 초록색이니 절대 불멸의 존재는 아니었다.

반면 아테나의 차례에서는 꽤 많은 아이들이 속아 넘어갔다. 아테나가 내어 놓은 거짓말은 "나는 그라이아이를 만난 적이 한 번도 없어."였다. 똑똑한 아테나가 그라이아이의 상담실에 다녀왔을 거라고는 대부분 상상조차 하지 못했다. 그러나 그라이아이는 성적 말고도 다양한 문제에 대해서 학생들에게 조언을 해 주고 있었다.

아테나가 그라이아이를 만났다는 사실은 오직 아테나의 세 단짝과 메두사, 판도라, 헤라만이 알고 있었다. 아테나의 생모이자 파리의 모습을 한 여신 메티스가 올림포스 산에서 날아가 버리고 난 뒤 제우스는 헤라를 만나서 재혼하기로 했다. 그때 아테나는 아빠의 재혼 문제를 두고 마음이 심란해지자 그라이아이를 찾아가서 상담을 받았었다.

한편 아프로디테는 속으로 혀를 내둘렀다.

'극소수만이 알고 있는 개인적인 이야기를 꺼내는 위험까지 감수하다니. 역시 아테나, 여간 약삭빠르지 않은걸? 혼자 점수를 왕창 얻었잖아!'

에리스는 술래를 맡지 않겠다고 해서 아프로디테가 마지막으로 술래가 되었다.

"난 분홍색을 좋아해."

아프로디테의 말이 끝나기가 무섭게 모두가 까르르 웃음을 터뜨렸다.

'어머, 너무 쉬웠나?'

아프로디테는 연분홍 키톤 자락을 매만지며 더 열심히 머리를 굴렸다. 잠시 후 아프로디테가 입을 열었다.

"난 겨드랑이로 방귀 소리를 낼 수 있어. 내 성적은 거의 A야."

아프로디테는 속으로 남몰래 안도의 한숨을 쉬었다.

'됐어. 이 두 문장에도 여럿이 헷갈려 할 거야.'

실제로 아프로디테는 거의 모든 과목에서 A를 받았지만, 많은 학생들이 미모와 두뇌는 따로 라고 여기는 듯했다. 겨드랑이 방귀에 대해서는 아마 극소수의 아이들을 제외하고는 아프로디테가 그렇게 터무니없는 행동을 할 거라는 상상조차 하기 어려울 터였다. 그런데 실은 얼마 전 판도라가 어떤 특별한 상자를 열었을 때, 아프로디테는 그 안에서 빠져 나온 '무례' 거품의 마법에 걸려들어 겨드랑이 방귀 소리로 어처구니없는 노래까지 지어 불렀다. 거품의 마법에서 풀려난 뒤 자신이 어떤 행동을 했는지 듣고서 아프로디테는 너무 창피한 나머지 그 사실을 아는 모든 아이들에게 비밀을 지키겠다는 맹세를 받아 냈다.

아프로디테가 슬쩍 쳐다보니 아레스가 싱글싱글 웃고 있었다. 아프로디테는 자신의 특별한 '재능'에 대해서 아레스에게 한 번도 이야기한 적이 없었다. 아레스한테 그런 이미지를 심어 주고 싶지도 않았다.

'하지만 아테나가 상담 선생님을 만났다는 사실을 털어놓는다면 나도 겨드랑이로 방귀 소리를 낼 수 있다는 걸 털어놓아야지 어쩌겠어? 아테나가 원하는 만큼 나도 저 트로피를 절실하게 원한단 말이야!'

아프로디테의 전략이 제대로 먹힌 것 같았다. 판도라, 아테나, 페르세포네만 정답을 맞혔기 때문이었다. 아르테미스도 답을 알고 있었지만, 아르테미스는 목마 꼬리 붙이기 놀이에 참여하고 있었다.

"최종 승자는 누구야?"

게임이 끝나자마자 아프로디테가 물었다.

에리스는 얼른 종이에 써 둔 점수를 계산하기 시작했다. 그러나 아테나의 암산이 더 빨랐다.

"아프로디테랑 나랑 공동 선두야."

"공동 선두?"

아프로디테가 놀라서 되묻자, 에리스가 말했다.

"너희 둘이 점수가 같으니까 마지막으로 한 판 더 해야 할 것 같아."

아테나가 냉큼 대답했다.

"좋아. 그럼 하자고."

"얘들아, 미안해. 난 그만 가 봐야 할 것 같아."

페르세포네가 자리에서 일어나며 아이들의 양해를 구했다.

"엄마한테 8시까지는 집에 돌아가겠다고 했는데 이미 늦었어."

여느 올림포스 학교 여학생들과 달리 페르세포네는 엄마인 데메테르 여신과 함께 살기 때문에 매일 날개 샌들을 신고 학교를 오갔다. 페르세포네는 아프로디테가 작별 인사를 할 수 있도록 아도니스를 잠시 안겨 주었다. 이번 주는 페르세포네가 아도니스를 돌보는 주간이라 집에 데리고 가기 때문이었다.

"보고 싶을 거야, 우리 귀요미 아도니스."

아프로디테는 아도니스를 다정하게 쓰다듬으며 생각했다.

'그러고 보니 밖이 어두워졌구나.'

자리에서 일어나 파티장을 치우고 있는 아이들도 있고, 자기 전에 숙제를 마저 하러 기숙사로 돌아간 아이들도 있었다. 목마 꼬리 붙이기 게임도 이제 막 끝난 참이었다.

'진실 게임에 너무 집중하느라 아이들이 떠들썩하게 돌아다니는 소리도 전혀 듣지 못했나봐.'

"페르세포네, 내가 전차로 집에 데려다줄게."

하데스의 말에 아프로디테가 다시 주의를 돌렸다. 페르세포네와 하데스가 옥상 정원에서 나가자 이번에는 아레스가 자리에서 일어나 기지개를 쭉 폈다. 그러더니 에리스에게 은근히 눈치를 주었다.

"이제 그만 집에 가야하지 않아? 시간이 꽤 늦었어. 이번 게임은 무승부로 하고 그만 끝내자."

아프로디테와 아테나는 화들짝 놀라서 서로를 쳐다보았다. 헤라도 못마땅해 하는 눈치를 보이자 아프로디테는 속으로 생각했다.

'설마 아직도 자신이 우승 후보라고 생각하시는 건 아니겠

지?'

헤라는 첫 판부터 점수가 너무 낮아서 도저히 아프로디테나 아테나를 따라잡을 방도가 없었다. 그 순간 아프로디테는 번뜩 어떤 사실을 깨달았다.

'그러고 보니 우리 셋 다 저 근사한 사과 트로피를 간절히 원하고 있잖아. 왜 저 트로피에 집착하게 되는 걸까? 아, 몰라. 상관없어. 저 트로피는 반드시 내 차지가 되어야 한다는 것만 생각할래.'

에리스가 아레스에게 뭐라고 대꾸하려는 찰나, 제우스가 옥상 정원에 다시 나타났다. 제우스는 벌써 파란색 바탕에 노란색 번개 무늬가 든 잠옷 차림에 진청색 벨벳으로 만든 가운을 걸치고 슬리퍼를 신고 있었다.

"여보, 아직 여기 있었소?"

제우스가 입이 찢어져라 하품을 하며 물었다.

헤라는 에리스 옆에 놓여 있는 가방을 몹시 갈망하는 눈으로 쓱 쳐다보았다. 가방 안에 귀하디 귀한 황금 사과 트로피가 들어있기 때문이었다. 헤라가 마침내 입을 열었다.

"아이들이랑 같이 게임을 하고 있었어요. 마지막으로 한 판 더 하기로 했답니다. 내가 이기는 대로 바로 따라갈게요."

아프로디테는 자기 귀를 의심했다.

'헐, 헤라 님은 본인이 이미 졌다는 사실을 정말 모르시나 봐. 아니면 그 사실을 도무지 받아들일 수 없는 거든지.'

아테나가 헤라를 향해 어색하게 웃으며 말했다.

"음, 현재 제가 우승 후보인 거 같은데요."

'이건 또 무슨 소리야?'

아프로디테는 속이 뒤틀리는 것 같았다.

'내가 가장 아름다운 여신이야. 그러니까 저 트로피는 당연히 내 거라고!'

"우리 둘 다 우승 후보야. 동점이라고."

아프로디테가 한마디 했지만, 아테나는 아무 대답 없이 어깨만 들썩일 뿐이었다.

제우스는 어리둥절한 표정으로 부인과 딸을 쳐다보더니 다시 부인을 달랬다.

"내 사랑, 어서 갑시다. 이 게임이 뭐가 그리 중요하오?"

헤라가 뿌루퉁한 얼굴을 하더니 제우스에게 저리 가라는 손짓을 했다.

"난 여기 머물 테니까 당신은 빨리 가요."

그러자 아프로디테는 불안해졌다. 헤라의 반응이 도를 넘은 듯 싶었기 때문이었다. 제우스는 상대가 누구라 해도 자기 뜻에 거역하는 걸 달가워하지 않았다. 지금까지 제우스가 헤라에게 화내는 걸 한 번도 본 적이 없지만, 그래도 아프로디테는 저도 모르게 어깨가 움츠러들었다. 당장이라도 제우스가 옥상 정원에 번개를 내리꽂을 것만 같았다. 그런데 놀랍게도 제우스가 평소답지 않게 참을성을 발휘했다. 게다가 비상한 꾀까지 썼다. 제우스가 아레스를 향해 이렇게 말한 것이다.

"아레스, 네 누나가 집에 갈 때가 된 것 같구나. 네가 바래다주는 게 어떻겠냐?"

아레스가 자리에서 벌떡 일어섰다.

"좋은 생각이세요!"

"아니, 잠깐만요!"

아프로디테, 헤라, 아테나가 동시에 입을 모았다.

"전 어둠이 무서워요!"

갑작스런 에리스의 외침에 세 여신은 더 이상 말을 잇지 못했다. 모두의 시선이 에리스에게 향했다.

"게다가 너어어어무 피곤해요. 오늘 밤은 여기서 자면 안 될까요?"

이어 에리스는 제우스를 설득하기 위해서 가짜 하품을 늘어지게 해 보였다. 하지만 제우스는 되레 인상을 찌푸렸다.
"내일 학교에 가야 하지 않느냐?"
에리스는 냉큼 대답했다.
"방학이에요. 두 주 동안이요."
갑자기 아테나가 자리에서 벌떡 일어섰다.
"아빠, 에리스를 여기 머물게 해 주세요! 그럼 내일 게임을 마저 할 수 있잖아요. 진짜 재미있단 말이에요. 제발이요, 네?"
"알았다."
아테나가 간청하자 제우스의 얼굴이 누그러졌다. 하지만 아프로디테는 제우스가 여전히 에리스를 올림포스 학교에 머물게 하고 싶지 않는다는 느낌을 받았다.
"잘됐네요!"
헤라가 탄성을 터뜨리며 자리에서 일어나더니 기뻐서 손뼉까지 짝 쳤다. 하지만 다음 순간 두 눈에 짜증스러운 빛이 어리더니 어깨를 축 늘어뜨렸다.
"아, 깜박하고 있었네. 내일 숍에 웨딩드레스 신상품이 잔뜩 입고되는데……. 일주일 내내 고객 예약도 있고. 난 내일 아침 일찍 불멸 쇼핑센터에 가야 해요."
"오, 내 사랑. 그것 참 안됐구려."

말은 그렇게 하지만 제우스는 안타까워하는 기색 하나 없었다. 제우스는 이내 헤라와 팔짱을 끼고 헤라를 출입문으로 이끌었다.

"난 저 트로피를 갖고 싶단 말이에요."

출입문에 거의 도착했을 즈음 헤라가 짜증 섞인 목소리로 말했다.

"트로피라니? 무슨 트로피 말이요? 당신은 이미 여자라면 누구나 갖고 싶어 할 최고의 트로피를 얻었잖소."

제우스가 천연덕스럽게 대꾸했다.

"바로 나 말이요!"

헤라는 제우스의 어이없는 농담에 웃음을 터뜨리더니 다정하게 대답했다.

"그래요. 그건 사실이에요."

제우스와 헤라가 곧 옥상 정원을 떠날 것처럼 보이자 아프로디테의 기분이 한결 좋아졌다. 헤라가 경쟁에서 빠졌으니 이제 아름다운 황금 트로피를 손에 넣을 확률은 아테나와 정확히 반반이었다. 그런데 아테나도 맞은편에 서서 빙그레 웃고 있었다.

'아테나도 나랑 같은 생각을 하고 있는 걸까?'

"잠깐만요!"

제우스가 헤라를 뒤따라 문을 나서려는 찰나, 에리스가 소리 쳤다.

"오늘 밤만 말고 이곳에 조금 더 머물면 안 되나요? 이삼일이나 아니면 일주일 정도요?"

제우스가 뒤돌아섰다. 미간이 잔뜩 찌푸려져 있었다. 곧이어 손가락 끝에서 전기가 일더니 제우스 주변에 불꽃이 파지직 튀기 시작했다. 제우스가 몹시 짜증이 났다는 신호였다.

"아레스 얼굴 보기가 워낙 힘들어서 그래요."

에리스가 웅얼웅얼하며 투덜거렸다.

아프로디테는 헉하고 들릴 듯 말 듯하게 비명을 터뜨렸다.

'어머, 쟤 운만 믿고 너무 밀어붙이는 것 아냐?'

"누나가 머물 곳이 여기 어디에 있어?"

아레스가 끼어들었다.

"게다가 우리가 수업 받는 동안 누나는 뭐할 건데? 심심하기만 할 거야. 그냥 집에 가는 게 더 나을……."

아레스가 하던 말을 멈추었다. 에리스가 훌쩍이고 있었기 때문이었다. 가느다란 눈물 한 줄기가 에리스의 볼을 타고 흘러내렸다. 아프로디테는 너무 순식간에 일어난 일이라 분명 가짜 눈물일 거라고 확신했다. 아레스도 에리스의 눈물에 흔들리지 않는 눈치였다. 그러나 제우스는 완전히 속아 넘어갔다.

"아니, 너 지금…… 우는 거냐?"

제우스가 기겁한 목소리로 묻더니 헤라가 서 있는 출입문 쪽으로 주춤주춤 뒷걸음쳤다. 제우스의 파란 두 눈이 휘둥그레져 있었다.

"자, 자, 울지 마라. 분명히 선포컨대, 넌 내일 저녁 식사 때까지 이곳에 머물러도 된다."

그러자 에리스는 고분고분하게 고개를 끄덕이더니 속삭이듯 말했다.

"정말 관대하세요."

"뭐, 그렇지."

제우스가 무뚝뚝하게 대답했다. 그러고는 갑자기 제왕다운 자세를 취하며, 휙 돌아서서 헤라와 팔짱을 끼고 옥상 정원 출입문을 우아하게 걸어 나갔다.

그 모습을 보며 아프로디테는 생각했다.

'음, 오직 신들의 제왕이자 하늘을 다스리는 자만이 번개무늬 잠옷을 입고도 품위 있게 퇴장할 수 있는 것 같아.'

"너도 아테나도 저 트로피에 왜 그렇게 목을 매는 거니?"

누군가 옆에서 아프로디테에 물었다. 판도라였다.

"모르겠어. 예쁘잖아. 그게 다야."

일단 대답은 했지만 아프로디테 스스로도 그 이유 때문이 아니란 걸 알고 있었다. 솔직히 왜 그렇게 트로피에 끌리는지 남들을 납득시킬 자신이 없었다.

아프로디테는 바닥에 놓여 있는 검은색 트로피 가방을 간절한 눈으로 바라보았다. 그러다 아테나도 똑같은 눈길로 가방을 쳐다보고 있다는 걸 깨달았다.

'아테나가 똑똑하긴 하지만 나도 꽤 똑똑하다고! 내 모든 힘을 다해서 저 트로피를 내 것으로 만들고 말겠어!'

4
사고

 '쳇, 누나 기분이 어지간히 좋아 보이네. 속임수를 써서 여기 하루 더 머물게 되어 신났나 봐.'

 아레스는 속으로 투덜거리며 아폴론과 함께 정원 기둥에 묶여 있는 은색 장식 리본을 풀었다. 많은 아이들이 남아서 뒷정리를 도와준 덕분에 각종 장식들은 이미 다 떼고, 케이크 접시도 깨끗이 정리되어 있었다. 이제 남은 일은 떼어 낸 장식을 상자에 담아 수납장에 차곡차곡 쌓는 것뿐이었다.

 "이게 마지막 리본이야."

 아레스가 아프로디테에게 말을 걸었다.

 "이렇게 멋진 파티를 준비해 줘서 정말 고마워. 진짜……."

"아, 응. 천만에."

아프로디테가 아레스의 말을 자르며 소리쳤다.

"저기, 에리스. 오늘 내 방에서 잘래? 남는 침대가 있거든."

아레스의 입에서 한숨이 절로 새어 나왔다. 하지만 곧바로 정원 건너편에 있던 에리스가 "그럼, 나야 좋지!"라고 답하는 바람에 말려 볼 틈조차 없었다.

'잘됐네. 아주 잘됐어. 내가 가장 걱정하던 일이 바로 누나와 아프로디테가 가깝게 지내는 거였는데……. 딱 그렇게 될 판국이구나.'

그때 문득 아테나가 아프로디테를 매서운 눈으로 보고 있는 모습이 아레스의 눈에 들어왔다.

'오, 이런. 늘 그랬듯이 누나가 아이들에게 나쁜 기운을 미치고 있어. 평소 저 둘은 사이가 아주 좋았는데 말이야. 좀 전에 내 말을 자르고 무례하게 굴었던 것도 평소 아프로디테답지 않아. 아프로디테도 아테나도 둘 다 말썽쟁이 에리스 누나의 영향을 받고 있는 거야. 틀림없어.'

"에리스 누나와 방을 함께 쓰는 건 별로 좋은 생각이 아니야."

아레스는 상자에 장식을 담으며 나직하게 말했다.

"지금 막 곤란한 이유가 생각났다고 적당히 둘러대, 알았지?"

"어머!"

아프로디테는 아레스를 놀리는 듯이 방실방실 웃으며 대꾸했다.

"왜? 에리스가 너에 대해 내가 몰랐으면 하는 얘기를 할까 봐 겁나?"

이어 아프로디테는 수납장 아래쪽 선반에 장식 상자 하나를 밀어 넣었다. 아레스도 들고 있던 무거운 상자를 위쪽 선반 빈자리에 올려놓았다.

"그런 게 아니야."

아레스가 딱 잘라 말하기는 했지만, 솔직히 진심은 아니었다. 좀 전에 아폴론에게 들려준 창피했던 사건처럼 아프로디테가 몰랐으면 하는 이야기들이 분명히 있었다.

"넌 누나가 어떤 존재인지 전혀 몰라."

아레스는 아무도, 특히 에리스가 엿듣지 못하게 목소리를 한껏 낮추며 말했다.

"에리스 누나는 사실······. 불화와 다툼의 여신이야!"

"그래. 넌 전쟁의 신이고 말이지."

아프로디테는 그게 뭐 대수냐는 듯이 어깨를 들썩여 보이며 말을 이었다.

"내가 너랑 잘 지낼 수 있다면, 네 누나하고도 잘 지낼 수 있을 거야."

아레스는 그에 대해 적당한 대답이 떠오르지 않았다. 실제로 아프로디테의 말이 일리가 있었다. 아프로디테가 정원 중앙에 놓여 있는 장식용품 상자를 가지러 가자, 아레스도 함께 걸음을 옮겼다. 에리스와 함께 지내지 말라고 설득할 방법을 찾기 위해 열심히 머리를 굴려 보았지만 뾰족한 수가 떠오르지 않았다.

모두가 나서서 도와준 덕분에 상자는 금방 차곡차곡 제자리를 찾았고, 이제 아레스의 생일 선물을 담아 놓은 커다란 상자 하나만 남아 있었다. 상자가 꽤 묵직했지만, 아레스는 가볍게 상자를 한쪽 어깨에 짊어졌다. 그러고는 아프로디테와 나란히 걸으며 뒷정리를 도와준 아이들과 함께 출입문으로 향했다.

에리스가 입이 귀에 걸린 채 아프로디테와 아레스 사이를 비집고 들어오더니 아프로디테와 팔짱을 꼈다. 검은색 가방도 여전히 지니고 있었다. 사실 모두가 뒷정리를 하는 동안에도 에리스는 무슨 이유에서인지 자기 가방만 지키고 서 있었다.

'설마 저 안에 내 생일 선물이 든 건 아니겠지?'

아레스는 궁금증이 돋았지만 굳이 말을 꺼내지 않기로 했다.

'어차피 누나가 주는 선물이라면 내게 창피를 주거나 해를 입

히는 물건일 거야.'
 에리스가 아프로디테와 팔짱을 낀 채 아레스보다 앞서 걷기 시작했다.
 "올림포스 학교 정말 좋다."
 에리스는 옥상 정원 창문 너머로 저 아래 뜰의 황금 분수와 달빛에 비친 조각상을 내려다보며 말했다.
 "나도 이 학교에 다니면 좋을 텐데 그치?"
 아프로디테는 선선히 맞장단을 쳤다.
 "그러게. 교장 선생님이 왜 널 여태 초대하지 않았는지 모르겠어."
 뒤따라가던 아레스는 둘의 대화를 듣고 어이가 없었다.
 '누나가 여기 계속 머무는 것보다 더 나쁜 일이 있을까? 교장 선생님이 현명하시기에 망정이지. 틀림없이 교장 선생님은 에리스 누나가 불화의 여신이라는 걸 눈치채신 거야. 아까도 누나가 여기서 하룻밤 머무는 걸 쉽게 허락하지 않으셨잖아. 에리스 누나는 '살아 있는 말썽' 그 자체라는 걸 알고 계신 거야. 그러니 누나를 올림포스 학교에 초청하실 리 없겠지?'
 이제 아레스 일행을 뺀 나머지 아이들이 모두 옥상 정원을 떠났다. 아레스가 마지막으로 촛불을 끄고 옥상 출입문을 닫고 나왔다. 아레스는 여자 친구, 누나와 함께 나선형 계단을 내려와 현관 로비로 들어섰다. 거기서 다시 기숙사로 이어지는 대리석 계단을 올라가는 도중 아프로디테가 에리스에게 물었다.

"그런데 말이야. 도로스 씨가 어디서 그렇게 근사한 트로피를 구한 걸까?"

"트로피라니, 무슨 트로피?"

아레스가 되물었다.

"아, 별 거 아냐."

에리스가 얼른 말을 얼버무리더니 아프로디테에게 딴소리를 했다.

"아프로디테, 넌 그렇게 예쁜 옷을 어디서 장만하니?"

"이거?"

아프로디테는 손으로 키톤 자락을 살짝 날리며 대답했다.

"사실 이거 내가 직접 만든 거야."

그때부터 두 소녀는 패션을 주제로 장황한 대화를 나누었고, 아레스는 둘의 수다를 한 귀로 듣고 한 귀로 흘려버렸다.

'아프로디테는 에리스 누나가 했던 바다 거품 이야기를 완전히 잊은 모양이네. 뭐, 내 여자 친구가 누나랑 친하게 지내려 하니 고맙긴 한데, 애써 베푼 친절이 헛수고가 될까봐 걱정이야.

에리스 누나는 우정을 쌓는 쪽보다는 망가뜨리는 쪽에 더 재주가 있으니까.'

아레스는 생일 선물 박스를 반대편 어깨로 옮기려다가 하마터면 떨어뜨릴 뻔했다. 에리스가 아프로디테에게 이렇게 물었기 때문이었다.

"그럼 올림포스 학교에 다니는 형제 자매는 몇 명이나 돼?"

아프로디테가 대답했다.

"음, 일단 아르테미스하고 아폴론이 있고, 고르곤 세 자매가 있지. 메두사, 스테노, 유리알레는 세쌍둥이인데, 메두사만 불멸의 존재가 아니야. 아까 머리에 뱀이 돋아 있던 애……."

"아, 알겠어. 알겠다고."

에리스가 아프로디테의 말을 자르고 나섰다.

"그러니까 제우스 교장 선생님은 쌍둥이나 세쌍둥이만 초청하는 거로구나? 아레스랑 나처럼 그냥 남매는 안 된다는 거지?"

아레스는 긴장해서 어깨가 빳빳이 굳었다.

'이대로 내 거짓말이 들통나는 건가? 누나는 지금 코린트 학교에 다니고 있는데 그것도 얼마 가지 않을 거야. 머지않아 누나가 불러일으킬 불화와 다툼 때문에 그 학교에 큰 혼란이 일어

날 테고, 결국 누나는 퇴학당하고 말겠지. 그렇다면…….'

"난 꼭 아레스랑 같은 학교에 다니고 싶어. 정말 재미있을 것 같지 않니?"

3층을 지날 때 에리스가 어깨 너머로 아레스를 슬쩍 쳐다보며 말을 꺼냈다. 그러고는 어디 반대하기만 해 보라는 듯이 눈썹을 추켜세웠다.

아레스는 짜증이 치솟아서 끙 하고 앓는 소리를 냈다. 그러자 아프로디테가 아레스에게 왜 그러냐는 듯이 눈총을 날렸다.

아레스는 정말 목청 높여 외치고 싶었다.

'아프로디테 넌 아무 것도 몰라. 지난 세월 동안 올림포스 학교는 내 안식처였다고. 누나한테서 멀리 떨어져 있을 수 있는 곳이었고, 누나의 나쁜 기운을 피할 수 있는 곳이었단 말이야. 난 1학년 때부터 줄곧 올림포스 학교에 다녔지만, 누나는 이곳에 초청 받지 못해서 다닐 수가 없었어. 누나는 늘 그 점을 못마땅해 했지. 만약 교장 선생님이 누나를 우리 학교에 다니게 하면 좋았던 시절은 끝이야.'

아프로디테가 이마에 주름이 잡힐 정도로 곰곰이 생각해 보더니 마침내 입을 열었다.

"흐으으음. 그러고 보니 형제자매가 함께 다니는 아이들은 모두 쌍둥이야."

'휴, 살았다!'

아레스는 속으로 안도의 한숨을 쉬었다.

'이제 누나는, 비록 예외가 있다 하더라도, 올림포스 학교 규칙 상 형제자매가 함께 다닐 수 없다는 말을 사실이라 믿을 거야.'

에리스가 아프로디테의 표정을 빤히 들여다보더니 다정하게 말했다.

"있잖아. 너 그거 조심해야겠어."

"뭘?"

아프로디테는 갑자기 무슨 소리인가 싶어 어리둥절해 했다. 에리스는 여전히 아프로디테의 얼굴에 시선을 고정한 채 대답했다.

"이마 주름살 말이야."

"어머. 내가 이마를 찌푸리고 있었어? 주름이 가지 않도록 항상 조심 또 조심하는데."

아레스는 바짝 긴장한 아프로디테를 보며 생각했다.

'다른 신이라면 주름이 생기든 말든 신경 안 쓸 텐데. 아프로디테는 미의 여신이라서 그런지 늘 예쁘고 근사한 이미지를 유

지해야 한다고 여기나 보네!'

아프로디테가 반사적으로 이마에 손가락을 가져다 대더니 있지도 않은 주름을 쓸었다. 그러자 에리스가 고개를 주억거리며 말했다.

"방금 전에 인상을 쓰는 바람에 미간에 주름이 생겼어."

에리스는 답이 없다는 듯이 고개를 절레절레 흔들더니 쯧 하고 혀까지 찼다.

"아레스, 너도 저 주름 보이지?"

아레스를 바라보는 에리스의 입꼬리가 희미하게 올라가 있었다. 에리스의 두 눈에 알 수 없는 빛이 번득였다.

"응? 뭐?"

아레스는 짐짓 모르는 척했다.

'누나가 또 갈등을 일으키려고 해. 뭐 새삼스럽지도 않지. 그게 불화와 다툼의 여신인 누나가 가장 잘하는 일이니까.'

아프로디테가 층계참에 멈춰 서더니 어여쁜 얼굴을 들고서 아레스를 바라보았다. 아프로디테가 자신의 대답을 기다린다는 걸 깨닫고서 아레스는 걱정에 휩싸였다.

'뭐라고 대답하든 간에 틀렸다고 할 거야. 주름이 없다고 하면 거짓말한다고 비난할 거고, 몇 가닥 보이는 것 같다고 하면

화를 내겠지! 여자애들은 왜 그렇게 외모에 신경 쓰는 걸까? 아프로디테는 완벽해. 그런데 정작 자신은 모르고 있나봐.'

벽에 늘어선 횃불 빛에 아프로디테의 머리카락이 금빛 파도처럼 일렁이고, 파란 두 눈은 영롱한 빛을 발하고 있었다. 아프로디테의 아름다운 얼굴을 볼 때마다 아레스는 반하지 않을 때가 없었다.

아레스가 불쑥 말을 뱉었다.

"난 아프로디테의 외모도, 마음도 모두 근사하다고 생각해."

아레스는 속으로 한마디 덧붙였다.

'사실이 그렇잖아!'

아프로디테가 고맙다는 듯이 달콤한 눈빛을 보내며 아레스의 팔짱을 꼈다. 그 바람에 아레스는 여자아이들 사이에 끼어서 걷게 되었다.

'야호! 어때 누나, 한 방 먹었지?'

그런데 에리스의 표정을 보니 또 다른 가시 돋친 말을 준비하고 있는 듯했다. 아레스는 얼른 에리스의 주의를 끌기 위해 말을 걸었다. 다른 여자아이들한테는 이 방법이 꽤 잘 통했기 때문이었다.

"누나, 엄마 아빠는 잘 계서?"

에리스도 여지없이 아레스의 전략에 걸려들었다. 에리스는 하려던 말은 잊어버리고 크게 한숨을 쉬더니 이렇게 대답했다.

"엄마가 화나서 곧 한 판 벌이실 작정같아."

"이번에는 뭣 때문에?"

아레스는 진심으로 궁금했다. 아프로디테 쪽을 슬쩍 쳐다보니 다행히 에리스의 이야기에 관심을 보이는 것 같았다.

'휴, 다행히 주름살 토론에서는 벗어난 것 같네.'

그때 갑자기 에리스의 얼굴이 확 어두워졌다. 에리스가 주먹을 꽉 쥐며 대답했다.

"나 어제 코린트 학교에서 쫓겨났어. 이게 말이 되니?"

아레스는 마음속에 턱 하고 절망의 멍울이 맺히는 것 같았다. 그리고 퍼뜩 깨달았다.

'아, 그래서 불멸 쇼핑센터에 있는 헤라 님의 가게에 나타났던 거로구나. 내 생일하고는 아무 상관이 없었어. 그냥 핑계일 뿐이었던 거야. 역시 내가 의심하던 대로야. 누나는 꿈에 그리던 올림포스 학교에 입학하기 위해 작전을 짰고, 그 첫 계획으로 헤라 님에게 접근한 거야.'

"어머, 저런! 그럼 학교에서 퇴학당한 거니?"

아프로디테가 물었다. 에리스가 고개를 끄덕이자 아프로디테가 다시 물었다.

"왜?"

"누구한테나 일어날 수 있는 사소하고도 멍청한 사고가 있었어. 그런데 그걸 교장 선생님이 내 탓으로 몰았지."

에리스는 잠시 머뭇거리다가 나직하게 덧붙였다.

"너무 속상해. 난 코린트 학교가 꽤 마음에 들었었거든."

에리스는 그 말을 하고서 부끄러운 듯이 아레스를 흘깃 쳐다보았다. 솔직한 모습을 보이면 자신이 약하다는 걸 인정하는 거나 다름없다고 여기는 듯했다.

'뭐, 누나한테는 그럴 수 있지!'

아레스는 얼른 계산해 보았다.

'보자, 지금까지 누나가 퇴학당한 학교가 모두 몇 군데이지? 최소한 열 군데는 되는 것 같은데. 물론 이 이야기는 절대 입 밖으로 꺼내면 안 되지. 그랬다가는 조만간 누나한테 처절하게 복수를 당할 거야.'

"무슨 사고?"

아프로디테가 물었다.

"음, 쉬는 시간에 내가 일종의 '갈등 해결 감독관' 역할을 맡고 있었거든."

"뭐?"

아레스가 푸핫 하고 웃음을 터뜨리자, 아프로디테와 에리스는 아레스에게 짜증난다는 듯한 눈총을 마구 쏘아 댔다. 아레스도 나름대로 에리스가 '갈등 해결 감독관' 역할을 한다는 말을 어떻게든 이해해 보려고 애를 쓰는 중이었다.

"아이들 사이에 의견차가 있어서 내가 그 애들을 돕기 위한 일종의 대회를 열기로 했거든."

에리스가 천연덕스럽게 말을 이었다.

"학교 옥상에 누가 가장 큰 눈사람을 만들 수 있는지 겨루어 보자고 했어."

어처구니없는 이야기를 듣자 아레스의 마음속에서 오래 묵은 분노가 부글부글 끓기 시작했다.

"맙소사! 그래서 어떻게 됐어?"

아프로디테가 눈을 동그랗게 뜨고 물었다.

"음, 밤사이에 학교 지붕이 무너졌어."

에리스는 별일 아니라는 듯 어깨를 들썩이며 덧붙였다.

"눈이 그렇게 무거울 줄 누가 알았나?"

아프로디테가 기겁했다. 셋은 이제 막 기숙사가 있는 4층에 도착한 참이었다.

"오, 신이시여! 누구 다친 애는 없었어?"
"아니. 전혀. 그때는 수업이 끝나서 다들 집에 돌아간 뒤였어."
"그렇게 바보 같고 위험한 일을 대체 왜 벌인 거야?"
아레스가 버럭 소리를 질렀다. 에리스가 앙갚음하든 말든 상관이 없었다.
"뭐야? 너 꼭 교장 선생님처럼 말한다!"
에리스가 인상을 확 찌푸리며 대꾸했다.
"지붕이 약한 건 내 잘못이 아니잖아. 어쨌든 코린트 학교는 지금 수리 중이야. 널 만나러 오기에 이보다 더 좋은 기회가 어디 있겠어? 안 그래, 꼬마 동생?"
아레스는 기가 차서 "하!" 하고 코웃음만 칠뿐이었다.
여학생 기숙사 앞에 도착하자 아레스는 어깨에 지고 있는 상자를 한 손으로 잘 잡고서 다른 손으로 문을 열기 위해 손을 뻗었다. 속으로는 어떻게든 에리스를 돌려보내려고 단단히 마음먹고 있었다.
'애초에 누나가 도우려했다는 아이들도 누나 때문에 갈등이 생긴 걸거야. 내 말이 맞다에 내가 가장 아끼는 창을 걸겠어! 누나는 그 어떤 사고나 갈등도 자기 잘못이라고 여기지 않지. 만약 아까 그 눈사태 소식을 제우스 교장 선생님께 이른다면, 하데스가 다스리는 지하 세계에 꽃비가 내린다 해도 누나를 우리 학교에 두지 않으실 거야. 누나가 아무리 싹싹 빈다 해도 말이야. 그럼 난 안전해지겠지.'

그 생각을 하자 아레스의 마음이 한결 차분해졌다.

"누나, 먼저 들어가."

아레스는 일부러 문을 활짝 열며 말했다. 아프로디테와 따로 이야기를 나누며 누나에 대해 경고해 줄 작정이었기 때문이었다. 그런데 에리스는 아레스의 꾀에 넘어가지 않았다.

"아, 난 아레스 네 방을 구경하고 싶어. 5층 맞지?"

아레스는 들고 있던 상자를 고쳐 들며 대답했다.

"미안한데 그건 곤란해. 여학생은 남학생 기숙사에 들어올 수 없어. 반대 경우도 마찬가지고. 학교 규칙이야."

"규칙은 무슨 규칙. 개뿔 같은 소리 하고 있네."

에리스는 아레스의 말을 무시하고서 서둘러 5층 남학생 기숙사를 향해 계단을 오르기 시작했다. 아프로디테가 에리스를 쫓아가자 아레스도 하는 수 없이 뒤를 따랐다.

"문 앞에서 복도를 들여다보는 정도는 괜찮잖아. 그 정도로 무슨 말썽이 생기겠어?"

아프로디테가 에리스의 편을 들자, 아레스는 코웃음을 쳤다.

"과연 그럴까?"

아레스가 아는 한 에리스는 두 개의 먼지덩어리 사이에도 문제를 일으킬 수 있는 아이였다.

한편 에리스는 벌써 5층에 도착해서 문을 확 열어젖히고 있었다.

"어이, 남학생들! 안녕!"

에리스가 기숙사 복도를 향해 소리쳤다.

"으악!"

놀란 포세이돈의 목소리가 울려 퍼졌다. 곧이어 도착한 아레스가 둘러보니 포세이돈이 물고기 무늬 파자마를 입은 채 욕실에서 자기 방으로 달려가고 있었다. 손에 든 삼지창에서 물이 뚝뚝 떨어지는 바람에 복도에는 기다란 물 자국이 생겼다. 에리스와 아프로디테는 포세이돈의 반응이 재미있는지 키득키득 웃어 댔다.

아레스는 어깨에 지고 있던 상자를 내려서 옆구리에 끼고는 누나가 들어가지 못하게 문을 잡았다. 그러고는 복도 안에 머리를 들이밀고서 큰 소리로 외쳤다.

"여학생 경보 발령!"

몇몇 아이들이 무슨 일인가 싶어 방 문 밖으로 고개를 빼꼼 내밀었다가 놀란 거북이가 등딱지 속으로 머리 감추듯이 쏙쏙 방안으로 사라졌다.

　에리스와 아프로디테는 무언가에 홀린 듯한 표정으로 복도를 빤히 쳐다보고 있었다. 아레스는 둘의 시선을 따라가다가 평소 예사롭게 지나치던 것이 새삼스러워 보였다. 바로 아레스를 비롯한 남학생들이 문 밖에 둔 물건들, 예를 들어 심심풀이로 만지작거리고 있는 온갖 프로젝트들이었다. 아폴론과 디오니소스가 지내는 방 근처에는 반쯤 완성된 전차도 있었다. 그 밖에도 복도에 아무렇게나 벗어 놓은 샌들이며 창, 몽둥이, 활, 영웅학 수업 과제 등 별의별 물건들이 다 널려 있었다.

　'엉망진창처럼 보이지만 우리 나름대로 다 질서가 있다고!'

　아레스는 두 여학생의 재미있어 하는 표정을 보며 생각했다.

　'나도 여학생 기숙사 복도를 보면 저런 반응을 보이겠지? 어쨌든 이제 그만! 더 이상은 곤란해.'

　아레스는 문을 닫으려 했다.

　"자, 됐지? 이제 쇼는 끝났어."

　갑자기 에리스가 아레스의 방 앞을 가리켰다. 그곳에는 철갑옷을 입은 기사가 한 손에는 방패를 다른 손에는 창을 들고 서 있었다.

"어, 저거 기억나!"

에리스가 소리치자 아레스가 고개를 끄덕였다.

"맞아. 예전에 저걸 만들 때 누나가 도와줬어."

아레스가 에리스에 대해 가지고 있는 기억 중 정말 몇 안 되는 좋은 추억이었다.

"어머, 누나가 도와준 줄은 몰랐네. 난 저 갑옷이 늘 멋지다고 생각했어!"

아프로디테가 에리스를 바라보며 다정하게 말했다.

"아레스가 작년에 마법을 걸어 둔 덕분에 이제는 저 철갑옷 기사가 말도 할 수 있어."

그러자 에리스가 입을 삐죽이며 대답했다.

"나도 마법을 배우고 싶어. 인간 세상에 있는 학교는 그런 걸 안 가르친단 말이야."

이야기의 주제가 아레스로서는 3미터 길이 창끝으로도 건드리고 싶지 않은 쪽으로 흘렀다. 아레스는 얼른 에리스에게 말을 걸었다.

"자, 이제 내가 어디에 사는지 봤지?"

아레스는 들고 있던 선물 상자를 기숙사 복도에 내려놓고서 두 여자아이가 안을 들여다보지 못하게 문을 닫았다. 그러고는 둘을 다시 4층으로 데리고 가면서 아프로디테와 에리스에 대해 이야기 나눌 기회를 엿보았다.

그런데 에리스가 아레스의 속내를 알아차렸는지 계단을 내려가는 내내 이런저런 이야기를 떠들어 대며 가방을 앞뒤로 흔들었다. 그 덕에 아레스는 아프로디테한테 가까이 다가갈 수가 없었다.

아레스는 에리스의 가방을 내려다보다가 문득 생각했다.

'저 안에 뭐가 들었는지 몰라도 바닥이 축 처져 있는 걸 보니 꽤나 무거운 물건인가 보네.'

드디어 여학생 기숙사에 도착하자 에리스는 아프로디테를 문 안으로 먼저 들여보냈다.

"금방 갈게. 잠깐 동생이랑 단둘이 이야기를 나누고 싶어서 그래. 지이이인짜 오랜만에 만났으니까."

아프로디테가 밝게 대답했다.

"그래. 당연히 그렇겠지. 내 방은 복도 왼쪽에 있으니까 이야기 마치면 찾아와. 방문에 이름이 걸려 있어."

기숙사로 들어가기 직전에 아프로디테가 고개를 돌리더니 "아레스, 잘 자!"라고 인사를 건넸다. 그러고는 손을 입술에 댔다가 입맞춤을 날리는 시늉을 하더니 아름다운 미소를 보냈다.

아레스는 늘 그 미소를 볼 때마다 마음이 사르르 녹아내리는 것 같았다.

"마지막으로 한 번 더 생일 축하해!"

"너도 잘 자!"

아레스도 인사를 건네고서 문 너머로 아프로디테의 뒷모습이 사라지는 걸 속절없이 지켜보았다.

쿵!

에리스가 가방을 내려놓았다. 아레스는 가방 입구에서 황금빛 금속이 반짝이는 걸 보았다. 하지만 그 물체는 이내 가방 깊숙이 미끄러져 들어가 버렸다.

'어? 저게 아까 아프로디테가 말했던 트로피인가? 누나는 별 것 아니라고 했었지. 어찌되었든 내 생일 선물은 아닌가 보네.'

아레스가 물어보려는 찰나, 에리스가 아레스의 팔을 꼬집었다. 그것도 아주 세게!

"아야!"

아레스는 꼬집힌 팔을 문지르며 누나를 빤히 쳐다보았다.

"왜 그러는 거야?"

사실 아레스는 물어봐도 소용없다는 걸 알고 있었다. 에리스는 예전부터 늘 별다른 이유 없이 아레스를 괴롭혔다. 그런데 이제 와서 새삼스레 무슨 까닭이 있겠는가?
"경고하는 거야."
에리스가 다시 눈빛을 번득이며 말했다.
"내 계획에 어깃장을 놓을 생각일랑 하지 마. 후회하게 될 거야. 난 올림포스 학교가 마음에 들어. 게다가 현재로선 내게 이곳 밖에 선택의 여지가 없으니 더욱 그렇지. 난 제우스 교장 선생님한테 입학 허락을 받아 낼 거야."
"무슨 수로? 기억 안 나? 우리는 쌍둥이가 아니잖아. 누나한테는 선택의 여지가, 아야!"
아레스가 다시 비명을 질렀다. 에리스가 또 꼬집었기 때문이었다.
'어휴, 누나가 아니라 형이었다면, 그리고 덩치가 좀 더 컸다면 절대 봐 주지 않았을 텐데!'
에리스는 까르르 웃음을 터뜨렸다.
"내가 무언가를 원할 때에는 날 막지 마. 그랬다간 너만 손해야. 네가 창피해 할 이야기를 올림포스 학교 전교생한테 들려줄 테니까. 이야깃거리가 많다는 건 너도 잘 알지?"
에리스는 손가락으로 자기 볼을 톡톡 치며 사악한 눈빛으로 아레스를 바라보았다.

"보자. 맨 처음 야수랑 싸우기 전날 밤에 오줌을 쌌던 일도 있고, 장난감 창을 가지고 놀다가 하마터면 자기 눈을 찌를 뻔한 일도 있었지."

"그때 난 겨우 다섯 살이었거든!"

"그때나 지금이나 여전히 코흘리개지 뭐."

에리스는 헤죽거리며 아레스를 놀려 댔다. 보랏빛이 감도는 진청색 눈동자가 여전히 번들번들 빛을 발하며 아레스를 꿰뚫을 듯이 바라보고 있었다.

"아프로디테나 네 친구들이 그 이야기를 들으면 꽤나 감동 받을 거야, 그치?"

에리스는 발끝으로 일어서서 아레스의 얼굴 앞에 자기 얼굴을 들이밀었다.

"네가 전투에 나갈 때 가끔씩 곰 인형을 가지고 간다는 걸 네 적들이 알면 꽤나 흥미를 보이겠지? 아레스, 그렇게 되고 싶니? 그런 이야기를 쫙 퍼트려 볼까?"

아레스는 당황해서 어쩔 줄 몰랐다.

'젠장, 내가 그걸 바랄 리가 있겠어?'

아프로디테와 올림포스 학교 남학생들은 아레스를 우러러보았다. 학생들은 아레스가 굳세고 강한 아이라고, 약점이라고는 없는 신이라 여겼다. 그런데 에리스는 그런 명성을 망가뜨릴 수도, 아레스에 대한 아이들의 존경심을 앗아갈 수도 있었다.

'전투나 각종 경쟁에서 승리하기 위해서는 상대방한테서 두려움과 존경심을 끌어내는 게 중요해. 그런데 내가 행운의 물건으로 가끔씩 전투장에 곰 인형을 가져간다는 걸 알면 과연 상대가 날 존경하려 할까?'

아레스는 에리스의 눈길을 피해 괜히 자기 발을 쳐다보았다. 오직 에리스만이 아레스를 무력하게 만들 수 있었다.

"아니, 말하지 마."

아레스가 평소와는 완전 다르게 고분고분한 말투로 대답했다. 아레스한테서 그런 목소리를 끌어낼 수 있는 이 또한 에리스뿐이었다.

"그럴 줄 알았지."

에리스가 기세등등해서 말했다.

"우리 꼬맹이, 너무 걱정하지 마. 네가 내 일을 방해하지만 않는다면 너의……, 음, 네 괴짜 행동에 대해서는 입도 벙긋하지 않을게."

에리스가 돌연히 화사한 웃음을 짓더니 가방을 집어 들고서 여학생 기숙사 문을 열고 안으로 들어섰다.

"아레스, 잘 자. 아, 아프로디테 말처럼, 생일 축하해!"

에리스는 밝고 낭랑한 목소리로 인사를 한 뒤 아레스의 면전에 대고 문을 쾅 닫아 버렸다.

아레스는 비참한 기분으로 터덜터덜 계단을 올라가 남학생 기숙사 문을 열었다. 그리고는 선물 상자를 집어 들고 자기 방으로 향했다.

"어이, 좀 도와줄까?"

아레스가 작업 중인 디오니소스와 아폴론을 발견하고서 소리쳐 물었다. 디오니소스는 제작 중인 전차 옆면에 보라색 줄무늬를 그리고 있었고, 아폴론은 반대편에서 망치질을 하고 있었다.

디오니소스와 아폴론이 엄지를 척 들어 보였다. 이어 디오니소스가 소리쳤다.

"그럼 우리야 좋지. 이리로 와서 아폴론을 거들어 줘. 전차 옆면의 찌그러진 곳을 펴고 있거든."

아레스는 복도에 선물 상자를 내려놓고 망치를 집어 들었다. 그리고는 전차 반대편으로 가서 무릎을 꿇고 앉아 찌그러진 곳을 내려치기 시작했다.

탕! 탕!

마음속에 가득했던 좌절감을 망치질에 실어 쏟아 내니 기분이 한결 나아졌다. 일하는 내내 아레스는 거의 말이 없었고, 두 친구는 계속해서 농담을 주고받았다.

아레스는 난생처음으로 남자아이들도 여자아이들처럼 자신의 감정이나 소소한 일들에 대해 서로 이야기 나누면 좋겠다는 생각이 들었다.

'아프로디테는 친구들이랑 온갖 문제들을 이야기하고 수많은 비밀을 공유하겠지. 하지만 나를 포함한 남자아이들은 말보다 행동을 하는 쪽이니까.'

아레스는 망치를 휙 내던졌다.

탕!

아레스 입장에서 보면 친구들한테 누나에 대한 불평을 늘어놓을 수도 없었다. 아레스는 올림포스 학교에서 지내는 동안 전쟁의 신이라는 지위에 걸맞게 거친 남자 이미지를 구축하려고 많은 시간을 투자했다. 상대의 본질을 꿰뚫어 보도록 훈련 받지 않은 이들에게 에리스는 그저 왜소한 여자아이로만 보일 테니 아레스가 누나 때문에 덜덜 떠는 모습을 보이면 웃음거리밖에 되지 않을 터였다.

밤이 깊어 전차 수리 작업이 끝나자 아레스는 자기 방으로 향했다. 누나를 어떻게 하면 좋을지 뾰족한 수가 떠오르지 않았다. 대신 오늘 누나한테 어떻게 휘둘렸는가만 자꾸 떠올라서 또다시 자신이 초라하고 무력하게 느껴졌다.

"멈춰라! 거기 누구냐?"

아레스가 방문 앞에 서자 철갑옷 기사가 외쳤다.

"어, 네 철갑옷 기사가 왜 저러는 거야?"

디오니소스가 맞은편 방의 문을 열려다 말고 물었다. 철갑옷 기사가 아레스를 들여보내 주기는커녕 창으로 아레스의 가슴을 겨누고 있었기 때문이었다. 정확히는 아레스가 가슴팍에 들고 있던 상자를 향해 겨누었지만.

"오, 신이시여. 나야 나. 아레스라고."

아레스가 철갑옷 기사에게 말했다.

"날 못 알아보겠어?"

철갑옷 기사는 혼란스러운지 앞뒤로 몸을 흔들어 댔다. 그러더니 기세를 꺾고 창을 거두었다.

"오오, 애통하다! 순간 웬 어린아이가 왔나 했다."

아레스는 인상을 팍 찌푸렸다.

'어린아이? 내가 걸어 둔 얼굴 인식 마법이 풀린 건가? 아니면 상자 때문에 앞이 가려져서 그랬던 건가? 아니, 어쩌면 누나 앞에 있던 내 모습이 작고 초라하게 느껴져서 순간 철갑옷 기사

에게 진짜로 어린아이처럼 보인 건지도 몰라. 으악, 생각만 해도 섬찟하다!'

끼이이익!

철갑옷 기사가 허리 숙여 절을 했다.

"아레스 님, 죄송합니다. 어서 지나가십시오."

"거 참 이상하네."

아레스는 투덜투덜하며 방으로 들어가 디오니소스와 아폴론에게 손을 흔들어 인사를 했다. 그러고는 방문을 발로 차서 닫은 후 들고 있던 상자를 바닥에 던지듯이 내려놓았다. 대번에 안에서 뭔가 콰직 하고 부서지는 소리가 났다.

'아, 뭐야!'

오늘 하루는 정말 근사하게 시작했는데, 결국 아레스 인생 최악의 생일이 되어 버렸다.

'이게 다 누나 때문이야!'

팀워크

"아, 피곤해. 나 먼저 자도 될까?"

에리스가 아프로디테의 방에 들어서자마자 말했다. 아프로디테는 여태 패션 두루마리 잡지를 뒤적이며 에리스를 기다리고 있었다. 그러다가 에리스가 들어오자마자 잡지를 옆으로 밀어 둔 참이었다. 하지만 아프로디테는 애써 실망감을 감추며 대답했다.

"아, 그럼. 물론이지."

사실 아프로디테는 잠들기 전까지 에리스와 긴 대화를 나누고 싶었다. 아프로디테는 아레스에 대해서 더 알고 싶었고, 에리스라면 아레스의 귀여운 어린 시절 이야기를 잔뜩 알고 있을 것 같기 때문이었다.

 잠자리에 들기 직전, 아프로디테는 마지막으로 한 번 더 이야기를 꺼냈다.

 "어릴 때 아레스가 어떤 아이였는지 궁금해 죽겠어. 엄청 귀여웠을 것 같아!"

 에리스는 글쎄 라는 듯이 어깨를 한 번 들썩이더니 입이 찢어져라 하품을 하고서 대답했다.

 "아, 뭐 네가 아는 대로야."

 아프로디테는 속으로 대꾸했다.

 '아니, 난 몰라. 그래서 알고 싶다고! 아레스는 어릴 때 이야기나 자기감정에 대해서는 거의 말을 안 한단 말이야. 지금이 아레스에 대해 더 알 수 있는 절호의 기회인데. 그리고 솔직히 트로피를 한 번 더 보고 싶은 마음도 있어. 아니면 내일 있을 진실 게임에서 도움이 될 만한 사실을 알게 되면 좋겠다는 생각도 하고 있었지. 물론 부정행위를 하려는 건 아니지만 말이야.'

 "저 침대를 써."

 아프로디테는 자신의 침대 반대편에 있는 여분의 침대를 가리켰다. 보드라운 빨간색 벨벳 바탕에 작은 흰색 하트 무늬 자수가 든 이불이 주름 하나 없이 반듯하게 깔려 있었다.

에리스가 손을 뻗더니 침대 머리맡에 놓여 있는 하트 모양 베개 하나를 꾹 눌러서 찌그러뜨렸다. 아프로디테는 모양을 바로 잡고 싶어서 손가락이 근질근질했지만 억지로 마음을 억눌렀다. 그러고는 에리스가 검은색 가방을 침대 밑에 내려놓는 모습을 잠자코 지켜보았다. 그 안에 분명 멋진 황금 사과 트로피가 들어 있을 터였다.

"잠옷을 빌려야 할 것 같은데."

에리스가 말했다.

"아, 알았어."

아프로디테는 얼른 옷장에서 귀여운 잠옷 한 벌을 꺼내어 들었다. 그런데 에리스가 잠옷을 보더니 인상을 찌푸렸다.

"헉, 분홍 러플? 그보다 좀 더 괜찮은 거 없니?"

"이게 내 잠옷 중에서 가장 좋은 거야."

아프로디테가 당황해서 대답했다.

'어머! 얘는 진짜 예의범절을 좀 익혀야 할 것 같아! 하지만 내가 한 소리 하면 친구가 되는 데 별 도움이 되지 않겠지?'

아프로디테는 결국 아무 말도 하지 않았다. 이미 에리스와 친구가 되기로 단단히 마음먹었기 때문이었다.

'어쨌거나 에리스는 아레스의 누나잖아. 그리고……. 솔직히 나한테도 가족이 있었으면 좋겠다는 생각을 자주 했는데 어쩌면 에리스랑 나랑 친자매처럼 지낼 수도 있지 않을까? 하지만 그렇게 되지 않는다고 해도 나한테는 소중한 친구들이 있으니 괜찮아.'

에리스는 눈살을 찌푸리며 만지기도 꺼려진다는 듯이 손가락 끝으로 잠옷을 받아 들었다.

"어쩔 수 없네."

에리스는 한숨을 푹 쉬더니 잠옷으로 갈아입었다. 그러고는 침대 안으로 쏙 들어가서 이불을 뒤집어쓰더니 바로 잠들어 버렸다.

잠시 후 아프로디테도 자기 침대에 들어가려다가 문득 에리스의 가방을 보았다. 에리스의 침대 밑에 가방 끝이 삐죽 튀어나와 있었다. 순간 아프로디테는 가방 안에 든 황금 사과 트로피를 꺼내어 보고 싶은 열망에 사로잡혔다.

'아주 잠깐, 그냥 구경만 하자.'

아프로디테는 가방 가까이 다가가서 손을 뻗었다.

"으으으응."

그 순간 에리스가 잠꼬대를 하며 옆으로 돌아누웠다. 아프로디테는 놀라서 뒤로 휙 물러났다.

'오, 신이시여! 남의 가방을 몰래 들여다보다가 걸리면 얼마나 창피하겠어? 내가 왜 이러지? 정신이 나갔나 봐.'

아프로디테는 더 이상 욕망에 끌리지 않도록 마음을 다졌다. 게다가 피곤하기도 했다. 아레스의 생일 파티를 준비하느라 애를 많이 쓴 탓이었다. 아프로디테는 빙그레 웃으며 이불 속에 몸을 파묻었다.

'아레스가 파티를 재미있게 즐겼잖아. 그것만으로도 노력한 보람이 있어.'

"적당한 걸로 빌려 입었어."

다음 날 아침 아프로디테가 눈을 뜨자마자 에리스가 선포하듯이 말했다. 에리스는 이미 옷을 다 차려입고 있었다. 하필 아프로디테의 옷 중에서 가장 최근에 구입한 분홍색 키톤으로 말이다.

'어머, 저건 나도 한 번도 안 입은 옷인데!'

"내가 뭘 입든 넌 이해해 줄 거라 생각했어. 그렇지?"

에리스가 이기적인 핑계를 늘어놓는 사이, 아프로디테는 자리에 일어나 앉았다.

"아, 생각해 보니 분홍색도 괜찮은 것 같더라고."

"잘 어울리네."

아프로디테는 상냥하게 대답했다. 솔직히 에리스가 너무 말라서 옷이 좀 커 보이긴 했지만 아프로디테는 아무 말 하지 않기로 했다.

'내가 초대했으니 잘 대해 줘야지.'

한편 에리스는 어느새 아프로디테의 책상 앞에 앉아 있었다. 아프로디테의 마법 화장붓이 에리스의 머리 위에서 둥둥 떠다니다가 에리스가 얼굴을 들자 볼터치를 살짝 발라 주었다. 이어 에리스가 손가락을 앞으로 쫙 폈다. 곧바로 더 작은 마법 화장붓이 노을빛 분홍 매니큐어 병에 붓촉을 담그더니 에리스의 손톱 위를 오가며 칠하기 시작했다. 지난주 아프로디테가 불멸 쇼핑센터에서 사온 새 매니큐어였다.

'어머, 그래. 네 마음대로 퍼 쓰세요!'

아프로디테는 한마디 하고 싶은 심정이었다. 하지만 이내 마음을 바꾸었다.

'뭐, 나쁘지는 않네. 어쩐지 진짜 자매가 된 것 같잖아. 자매들은 옷이나 화장품을 같이 쓰니까. 사실 난 잘 모르는 일이지만 어쨌든 그렇게 들었어. 가끔 친구들과 화장품을 나눠 쓰는 거랑 비슷한 일이겠지. 물론 친구들은 쓰기 전에 먼저 허락을

구하지만. 자매들은 그러지 않나 봐. 다음에 메두사한테 한 번 물어봐야겠어.'

"오늘은 뭘 할 생각이야?"

아프로디테는 옷장으로 사뿐사뿐 걸어가며 물었다.

"우리가 수업 듣는 동안 하고 싶은 게 있니? 내가 도서관 위치를 알려 줄게. 점심때까지 거기서 책을 보면 될 거야."

새 옷을 꺼내려고 옷장 문을 연 순간, 아프로디테는 헉하고 낮은 한숨을 쉬었다. 옷장 바닥에 키톤 한 무더기가 마구 뒤엉킨 채 쌓여 있었다.

아프로디테의 한숨 소리를 들었는지 에리스가 그쪽으로 고개를 돌렸다.

"아, 맞다. 내 수준에 맞을 만큼 근사한 옷을 찾느라 이것저것 걸쳐봤어."

아프로디테는 짜증이 확 치밀어 올랐다.

'얘는 예의란 것 자체를 모르는 건가?'

아프로디테가 내팽개쳐진 키톤의 주름을 일일이 펴서 다시 옷장에 거는 사이, 에리스는 매니큐어를 말리느라 입바람만 후후 불고 있었다. 그러더니 문득 말을 꺼냈다.

"내 걱정은 안 해도 돼. 다 계획이 있으니까."

창으로 들어온 아침 햇살에 비쳐 에리스의 두 눈이 묘한 빛으로 번득였다.

"행운을 빌어 줘."

"행운이라니? 뭣 때문에?"

아프로디테가 새 키톤에 머리를 밀어 넣으며 되물었다.

"제우스 교장 선생님한테 가서 날 여기 입학시켜 달라고 할 거야."

에리스의 목소리를 들어 보니 정말로 단단히 결심한 모양이었다.

'에리스는 정말로 올림포스 학교에 들어오고 싶나 봐. 그런 면에서 보면 난 정말 행운아야. 만약 이곳에 입학하지 못했다면 아테나, 아르테미스, 페르세포네를 만나지 못했을 거 아냐! 아레스도 마찬가지고!'

아프로디테는 다정하게 대답했다.

"행운을 빌어. 일이 잘 풀려서 남매가 함께 올림포스 학교에 다니면 너도 아레스도 재미있게 지낼 수 있을 거야. 참, 아레스 이야기가 나와서 말인데……."

아프로디테는 전날 밤에 하려던 이야기를 다시 꺼냈다.

"어렸을 때 아레스는 어떤 아이였어?"

"멍청했지. 남동생이 대체로 그렇잖아."

에리스가 딱 잘라 말했다. 아프로디테로서는 전혀 도움이 되지도 흥미롭지도 않은 대답이었다. 심지어 그 말이 사실인지 의심도 들었다.

'아레스가 여러 면을 가지고 있긴 하지만 그래도 절대 멍청하지는 않아.'

아프로디테는 반대편 침대에 눈길을 던졌다. 아무렇게나 널브러진 이불 위에 에리스의 가방이 놓여 있었다.

'저 안에 트로피가 들어 있겠지. 어휴, 어젯밤에 내가 그걸 몰래 들여다보려 했다니 믿을 수가 없어!'

어째서인지 오늘 아침은 전날 밤 만큼 트로피가 유혹적으로 느껴지지 않았다. 그래도 여전히 아프로디테는 트로피를 갖고 싶었다.

'다시 손에 쥐어 보고 싶어. 내가 꼭 갖고 싶어.'

아프로디테는 문으로 향하는 에리스를 따라가서 에리스의 가방을 가리키며 말을 꺼냈다.

"괜찮다면 가방 안에 든······."

대번에 에리스가 아프로디테의 말을 자르고서 끼어들었다.

"난 이제 식당으로 가서 아침을 먹을 거야. 그런 다음 제우스 교장 선생님과 담판을……, 음……, 이야기를 나눠 봐야지. 그럼 이따 보자!"

에리스는 어깨너머로 인사를 건네더니 이불도 개키지 않고, 마음대로 빌려 쓴 화장품을 책상 위에 늘어놓은 채 방에서 나가 버렸다.

'쩝, 이렇게 트로피 구경은 끝이네.'

아프로디테는 에리스가 사용한 침대를 정리하기 시작했다.

'에리스한테 아레스의 어린 시절 이야기를 듣는 것도, 어젯밤 진실게임에 대해서 귀띔 얻는 것도 포기해야겠구나.'

이어 아프로디테는 에리스가 엉망으로 만들어 놓은 화장품을 치우러 갔다. 아프로디테가 다가오자 마법 화장붓이 스스로 상자 안으로 들어갔다. 아프로디테는 에리스가 과연 제우스 교장 선생님과의 담판에서 성공할지 의문이 들었다. 전날 밤에도 제우스는 에리스에게 오늘 저녁 식사를 마치는대로 이곳을 떠날 것을 분명히 말했었다. 게다가 아레스도 어쩐지 누나가 여기 다니는 것에 대해서 탐탁지 않아 하는 눈치였다.

'난 가족이 없다 보니 에리스가 왜 우리 학교에 그토록 다니고 싶어 하는지 알 것 같아. 나라도 남동생이, 그것도 아레스처럼 멋진 동생이 다니는 학교에 같이 다니고 싶을 거야. 에리스의 용기는 높이 사지만 그래도 교장 선생님의 결정을 바꾸기는 어려울 텐데. 교장 선생님은 '입학 문제'에 대해서 만큼은 아주 까다로우신걸. 대뜸 학생을 쫓아내는 일도 있었다고 하고. 학교 문제가 아니라도 교장 선생님은 아주 고집스러운 면이 있으시잖아. 그 분이 직접 생각해 낸 일이 아니면 정말 설득하기 힘들어!'

"어제 파티 끝나고 밤에 에리스랑 무슨 얘기했어? 게임 얘기? 아니면 트로피 얘기?"

점심 식사 자리에서 아테나가 아프로디테에게 물었다. 그 말을 들은 아르테미스와 페르세포네는 의아한 표정을 지었다. 아침 수업이 끝나고 네 친구는 이제 막 학생 식당에 모인 참이었다.

'아테나 목소리가 왜 이렇게 안달복달하는 것처럼 들리지?'

아프로디테는 의아하기만 했다.

'그냥 에리스에 대해 호기심이 들어서 물어본 것뿐인가? 아니면 트로피랑 관련이 있는 걸까?'

아테나가 여전히 트로피를 원하고 있다는 생각이 들자 갑자기 아프로디테의 마음속에도 트로피를 향한 갈망이 화르르 타올랐다. 하지만 가장 가까운 친구를 상대로 경쟁심을 불태우려니 기분이 썩 좋지 않았다.

아프로디테는 마시고 있던 넥타르 통을 내려놓고서 진지하게 말했다.

"솔직히 이야기 나눌 기회도 없었어. 베개에 머리를 대자마자 잠들어 버리더라. 오늘 아침에는 내가 잠옷을 갈아입기도 전에 에리스가 먼저 일어나서 준비하고 나가 버렸어."

그 소식에 빳빳이 굳어 있던 아테나의 어깨가 살짝 풀어졌다.

"어머, 그럼 에리스가 네 방에서 잤어? 난 그냥 파티만 참석하러 온 줄 알았는데."

곁에서 듣고 있던 페르세포네가 두 눈을 깜박이며 물었다. 이번에는 아르테미스가 대신 대답했다.

"네가 가고 나서 교장 선생님께서 다시 오셔서 오늘 저녁까지 머물러도 된다고 허락하셨어."

그러자 아테나가 설명을 덧붙였다.

"어제 하던 게임을 마칠 때까지만 말이야."

아프로디테와 아테나는 서로를 조심스럽게 쳐다보았다가 눈길이 마주치자 휙 고개를 돌렸다.

"그럼 에리스는 지금 어디에 있는 거지?"

아르테미스가 어깨에 걸고 있던 활과 화살 통을 고쳐 매며 식당 안을 쭉 둘러보았다.

"여러분, 주목!"

갑자기 우렁찬 목소리가 울려 퍼졌다. 식당 안에 있던 아이들이 모두 놀라서 펄쩍 뛰었다.

"아! 답이 저기 있네."

아르테미스가 넥타르버거를 한 입 베어 물며 웅얼거렸다.

모두들 소리의 진원지를 향해 눈길을 돌리자 제우스가 식당 안으로 저벅저벅 걸어 들어오고 있었다. 에리스가 황금 사과 트로피가 든 가방을 가슴에 꼭 끌어안고서 제우스 바로 옆에 따라 들어왔다.

"어머, 누구 얼굴이 굉장히 행복해 보이네."

페르세포네가 나직이 한마디 했다.

사실이었다. 에리스는 태양신 헬리오스의 황금 전차보다도 더 환하게 웃고 있었다. 아프로디테는 머릿속이 복잡해졌다.

'설마 내가 생각하는 그 일이 이루어진 걸까? 이렇게 빨리 교장 선생님을 설득한 건가?'

제우스는 식당 가운데 우뚝 서서 널찍한 가슴 앞에 황금 팔찌를 번쩍이며 팔짱을 턱 꼈다.

"어젯밤부터 여러분의 학기말 성적을 검토하기 시작해서 오늘 아침에야 끝냈다."

제우스의 우레 같은 목소리가 온 식당 안에 쩌렁쩌렁 울렸다. 제우스는 숱진 눈썹을 일자로 모으며 인상을 팍 썼다.

"몇몇을 제외하고 여러분의 성적은 그다지 뛰어나지 못했다. 아니, 사실 형편없었지."

제우스는 잠시 말을 멎고서 매서운 눈빛으로 아이들을 쭉 둘러보았다. 아이들이 이 재난에 가까운 소식을 가슴 깊이 새길 시간을 주기 위해서였다.

모두 아무 말 못하고 숨만 죽이고 있었다. 그때 제우스가 다시 입을 열었다.

"결국 이 말을 해야만 하겠구나. 여러분한테 매우 실망했다. 인간들이 우리를 우러러보고 있어. 우리 학교에는 지켜야 할 기준이란 게 있다. 그 기준이란 가장 높고도……."

제우스는 올림포스 학교의 기준과 그 기준 달성의 중요성에 대해서 계속 잔소리를 늘어놓았다. 그사이 아프로디테는 아테나를 슬쩍 쳐다보았다. 아테나가 어깨를 축 늘어뜨리고 있었다. 표정도 정말 우울해 보였다. 아이들 성적이 엉망인 게 마치 자기 탓이라고 여기는 것 같았다.

'아테나는 게으름을 피운다고 해도 늘 받는 A 플러스 대신 A를 받는 정도일 텐데 뭐!'

페르세포네가 팔꿈치로 아테나를 슬쩍 찔렀다. 그러고는 위로하는 듯이 살포시 웃으며 속삭였다.

"네 탓이 아니야."

아프로디테도 같은 생각이라는 걸 보여 주려고 고개를 끄덕였다. 하지만 아테나는 다른 쪽을 쳐다보고 있어서 아프로디테의 응원을 보지 못했다.

조금 기분이 누그러진 제우스가 다시 말을 꺼냈다.

"결과에 크게 실망했지만, 더 엄격한 조치를 취하기 전에 여러분에게 성적을 올릴 시간을 주기로 마음먹었다."

다음 순간, 제우스가 에리스를 힐끗 곁눈질하는 걸 아프로디테는 잠깐이지만 분명히 보았다.

"여러분이 성공할 수 있게 돕기 위해 특별 계획을 마련했다. 전교생을 두 팀으로 나눠서 두 주 동안 '우호적인 경쟁'을 하도록 한 다음, 어느 쪽이 최고 점수를 얻었는지 확인할 작정이다!"

식당 안에 무거운 정적만이 감돌았다. 그러자 에리스가 빽 소리를 질러 침묵을 깼다.

"공부가 더 즐거워질 거야. 약속할게!"

아프로디테는 속으로 생각했다.

'흠……. 교장 선생님의 성공 지원 전략이란 게 에리스의 머

리에서 나온 거라는 데 내가 가장 아끼는 분홍 키톤을 걸어도 좋아! 지금 에리스가 입고 있는 저 키톤 말이야. 교장 선생님은 누군가의 아이디어가 마음에 들면 처음부터 그게 당신 아이디어였다고 생각해 버리시잖아. 에리스도 그 점을 눈치챈 걸까?'
제우스가 다시 입을 열었다.
"각 팀의 리더로 두 명의 영웅학 수강생을 골랐다. 둘 다 영웅 오디세우스가 가족의 품으로 안전하게 돌아갈 수 있게 성공적으로 인도했지."
제우스가 팔짱을 풀고 손을 뻗자 손가락 끝에서 불꽃이 파지직 튀었다. 가까이에 있던 학생들은 잽싸게 몸을 숙여 불꽃을 피했다. 제우스는 아프로디테와 친구들이 앉아 있는 자리를 가리키며 크게 외쳤다.
"내가 전 우주를 통틀어 가장 사랑하는 딸 티니가 한 팀을 이끌 거야. 그리고 나머지 한 팀은 아프로디테가 이끈다!"
두 번째 팀 리더로 자신의 이름이 호명된 순간, 아프로디테는 깜짝 놀라서 자세를 고쳐 앉았다. 오디세우스를 인도하는 일은 거의 아테나가 담당했었다. 아프로디테는 오디세우스가 고향 이타카에 돌아올 때까지 부인 페넬로페를 구혼자들로부터 지켜 준 것뿐이었다. 오디세우스가 죽었다고 생각한 구혼자들이 페넬로페와 결혼해서 오디세우스의 재산을 차지하려 들었기 때문이었다.

에리스의 입이 귀에 걸렸다.

'흐으음. 어쩐지 팀 리더를 선정한 것도 에리스한테서 나온 아이디어였을 것 같은데? 영 기분이 묘하네. 그런데 왜 그렇게 정한 거지?'

"이긴 팀한테는 푸짐한 상이 주어질 거다."

제우스가 단단히 장담을 했다.

"반대로 진 팀은 하루 동안 이긴 팀의 시중을 들어야 할 거야!"

학생들이 "와!" 하고 함성을 지르자, 에리스가 검은색 가방을 높이 들며 외쳤다.

"그리고 이긴 팀의 리더는 특별한 상을 받게 될 거야!"

'황금 사과 트로피를 말하는 거야.'

아프로디테는 트로피 위에 놓여 있는 사랑스러운 황금 사과를 떠올려 보았다. 그러자 마음속에서 갈망의 불꽃이 팍 하고 튀었다. 아프로디테는 지금 당장 트로피를 두 눈으로 보고, 만져 보고 싶었다. 그리고 아테나의 눈 속에서도 자신과 비슷한 불꽃이 튀는 걸 보았다.

한편 에리스는 제우스가 자신을 바라보며 인상을 찌푸리고 있다는 걸 전혀 알아차리지 못했다.

'음, 에리스가 좀 더 조심할 필요가 있겠어. 교장 선생님은 당신이 말하고 있을 때 다른 이한테 관심이 옮겨 가는 걸 달가워하지 않으시는데.'

그 순간 아프로디테와 눈이 마주친 에리스가 윙크를 하더니 가방을 옆에 내려놓았다.

챙강! 챙강!

아테나가 암브로시아샐러드를 먹어 치우고서 쟁반 위에 접시를 착착 쌓기 시작했다. 그런데 아테나의 행동이 평소에 비해 바짝 힘이 들어가 있었다. 아테나는 아프로디테를 미심쩍다는 눈빛으로 쳐다보며 따지듯 물었다.

"방금 그건 무슨 뜻이야? 에리스가 너한테 윙크했잖아."

아프로디테는 난들 알겠냐는 듯이 두 손을 들어 보였다. 어쩐지 변명하는 기분이 들었다.

"나도 몰라. 에리스가 나한테 올림포스 학교에 들어오고 싶다는 말을 했었어. 아마도 이 경쟁이 올림포스 학교 입장권이라고 생각하나 보지."

페르세포네가 고개를 갸웃하며 잠시 생각해 보더니 이내 말

문을 열었다.

"이 갑작스런 경쟁이 혹시 교장 선생님이 아니라 에리스의 아이디어가 아닐까?"

아프로디테는 얼른 고개를 끄덕이며 대답했다.

"나도 같은 생각을 했어."

이어 아르테미스가 넥타르버거를 뜯어서 탁자 밑의 사냥개들에게 던져주며 말했다.

"아마 교장 선생님이 학기말 성적 때문에 마음이 상해 있다는 걸 알고 그걸 자기한테 유리하게 이용한 것 같아."

곧 아테나의 표정이 부드러워졌다. 아테나는 생긋 웃으며 말했다.

"아빠가 신나는 경쟁을 좋아하긴 하시지."

"그럼 이제 너희 둘이 팀원을 뽑는 거야?"

페르세포네가 묻자 아프로디테가 대답했다.

"나도 어떻게 되는 건지 전혀 모르겠어."

아프로디테는 아테나가 올림포스 학교 최고 수재니까 모두가 아테나의 팀이 되겠다고 할까봐 은근 걱정이 되었다.

그때 제우스가 각 팀의 구성원이 이미 정해져 있다는 소식을 알렸다.

"히드라 선생이 무작위로 두 팀의 명단을 꾸려 놓았다."

제우스는 튜닉 호주머니에서 리본이 묶인 작은 두루마리 두 개를 꺼냈다. 그러고는 아프로디테와 아테나를 불러 양옆에 세우더니 각각 두루마리 하나씩을 건넸다.

아프로디테는 아이들 틈에 있던 아레스와 눈길이 마주쳤다. 어째서인지 아레스의 얼굴에 걱정이 가득했다.

'아테나의 팀을 상대하기에는 우리 팀이 가망이 없다고 생각하는 걸까?'

그렇지 않아도 약해진 아프로디테의 자신감이 더욱 흔들렸다.

제우스가 아테나와 아프로디테를 바라보며 함박웃음을 지어 보였다.

"너희 둘이 최선을 다해서 팀을 격려하고 이끌어 가리라고 믿는다. 에리스가 이번 경쟁에 관한 좋은 아이디어를 꽤나 가지고 있더군. 마침 방학이라서 올림포스 학교에 머물며 너희를 돕겠다고 하더구나. 오는 두 주간 에리스가 너희 두 팀의 성적을 확인하고 내게 보고할 거다."

이어 제우스는 모여 있는 아이들 쪽으로 돌아서서 두툼한 두 손을 짝 마주쳤다.

"자, 이제 아테나와 아프로디테가 직접 팀 명단을 불러 줄 거다!"

말이 떨어지기가 무섭게 제우스는 짧게 고개를 까딱여 인사하고서 그대로 식당에서 나가 버렸다.

"그럼 진실게임은 이제 안 하는 거야?"

아테나가 에리스에게 물었다.

"진실게임 같은 건 잊어버려. 성적 경쟁이 훨씬 더 재미있을 거야. 제우스 님이 내 말대로 너희 둘을 팀 리더로 뽑다니 근사한 일이지 않니?"

에리스는 두루마리를 풀고 있는 아테나와 아프로디테에게 조잘조잘 떠들었다.

"생각해 봐. 둘 중 하나는 반드시 승리를 쟁취하게 될 거 아냐!"

아프로디테는 "글쎄." 라는 듯이 어깨를 들썩여 보였다. 마음속에서 트로피를 향한 흥미가 확 사그라졌다. 그만큼 팀 리더는 큰 책임이 따르는 역할이기 때문이었다. 아테나도 그다지 트로피에 연연하지 않는 듯 보였다.

아프로디테와 아테나의 열의가 식은 데 긴장했는지 에리스가 가방에서 트로피를 꺼내어 아테나의 손에 밀어 넣었다. 놀란 아테나는 트로피를 받아 들려다가 팀 명단이 적힌 두루마리를 떨어뜨리기까지 했다.

아프로디테는 자기가 지금 어떤 행동을 하고 있는지 알아차리지 못한 채 들고 있던 두루마리를 키톤 호주머니에 대충 쑤셔 넣었다. 그러고는 환하게 빛을 발하는 황금 사과를 만지고 싶은 충동에 이끌려 아테나 쪽으로 손을 뻗었다. 트로피에 손을 대자마자 아프로디테의 마음속에 다시 경쟁심이 끓어올랐다. 아프로디테는 그 어느 때보다 굳게 마음먹었다.

'이 트로피를 반드시 내 것으로 만들고 말겠어!'

아테나를 쳐다보니 아테나의 눈에도 단호한 결심이 어려 있었다.

'오, 이러면 곤란한데.'

"아주 멋진 시간이 될 거야."

에리스가 트로피를 다시 가방에 넣으며 열변을 토했다.

"물론 네 영리한 두뇌 덕분에 네 팀이 아프로디테의 팀에 비해 유리하긴 할 거야. 네 성적만으로도 팀의 총점을 올릴 수 있을 테니까."

에리스의 말에 아테나가 활짝 웃었다.

"정말 그렇게 생각해? 고마워!"

아프로디테는 질투의 칼날이 심장을 쑤시고 들어오는 것 같았다. 아프로디테도 성적이 좋은 편이었지만 밤낮없이 공부한다고 해도 아테나의 월등한 성적을 절대 따라잡을 수는 없을 터였다.

'그건 올림포스 학교의 어떤 학생도 할 수 없는 일이야.'

불안해진 아프로디테는 목에 걸고 있던 GG목걸이를 쓰다듬었다. GG목걸이는 아프로디테, 아테나, 페르세포네, 아르테미스 사이의 우정의 상징이었다. 그런데 아프로디테는 지금 만큼은 그 우정이 오히려 조금 불편하게 여겨졌다.

"반대로 말이야."

에리스가 아프로디테 쪽으로 고개를 돌리며 말했다.

"팀 리더 혼자서 최고 점수를 받는 것만으로는 이 경쟁에서 이길 수 없어. 내가 장담하건데 내 남동생을 포함한 모든 남학생들은 네게 잘 보이기 위해서 죽도록 공부할 거야. 듣자하니 여학생들은 널 세련된 멋쟁이라고 우러러본다며. 그러니 열심히 공부하는 게 엄청 세련되고 멋진 일인 것처럼 보여진다면……. 내가 무슨 말 하는지 말 안 해도 알겠지?"

아프로디테는 생긋 웃었다. 다시 자신감이 생겼다.

'에리스 말이 맞아. 아이들에게 조금만 의욕을 북돋아 주면 우리도 아테나의 팀을 이길 수 있어.'

슬쩍 곁눈질해 보니 아테나가 불안한지 입술을 앙다물고 있었다.

'이런, 이제 입장이 뒤바뀌었네!'

에리스는 제우스와 함께 만든 규칙을 설명하기 시작했다.

"각 팀의 학생들은 매일 시험과 과제 등에서 받은 성적에 기초해서 점수를 얻게 될 거야. A는 15점, B는 10점, C는 5점이고 D랑 F는 0점이야. 선생님들이 매일 시험 성적을 알려 주시면 난 그걸 합산할 거야. 알겠지?"

아테나와 아프로디테는 동시에 고개를 끄덕였다.

"얘들아, 각자 어느 팀에 속하는지 알고 싶니?"

에리스가 목청 높여 묻자, 모두가 와 하고 함성을 지르고 신나게 박수를 쳤다. 점심시간이 얼마 남지 않았기 때문에 아프로디테와 아테나는 제우스가 준 명단을 얼른 꺼내어 펼쳤다. 둘이 재빨리 명단을 살펴보는 사이, 식당 안에 긴장 넘치는 침묵이 내려앉았다.

아프로디테는 아레스가 명단에 없는 걸 보고 인상을 팍 찌푸렸다.

'이렇게 되면 내가 남자 친구와 경쟁해야 된다는 거잖아.'

그런데 다음 순간 아프로디테는 아테나의 남자 친구인 헤라클레스의 이름을 명단에서 보았다.

'어느 정도 공평해지겠네.'

아프로디테의 나머지 두 단짝도 팀이 갈라져 있었다. 아르테미스는 아프로디테 팀의 명단에 있는데, 페르세포네의 이름은 보이지 않았다.

'무작위로 뽑은 거치고는 굉장히 공평하게 짜여 있네.'

"당분간 내가 머물 방이 있어야겠어. 너희 둘 방을 돌아가면서 쓸까 해."

에리스가 아테나와 아프로디테에게 불쑥 말을 꺼냈다.

"하루는 이 방에서, 다음 날은 저 방에서. 이런 식으로 하려고."

"아테나는 룸메이트가 있으니까 그냥 내 방에서 쭉 머물면 될 거야."

그렇게 되면 경쟁에서 유리해질 거란 계산에 아프로디테가 먼저 말했다. 그러나 아테나도 지지 않았다.

"아냐! 판도라는 개랑 뱀을 좋아해. 하루걸러 한 번 정도는 기꺼이 아르테미스나 메두사 방에서 지내도 될 거야."

아프로디테는 과연 판도라가 2주 동안이나 이틀에 한 번씩 남의 방에서 지내는 걸 기꺼워할지 의문이 들었다.
'뭐, 알아서 하겠지!'
"좋았어!"
에리스가 아프로디테와 아테나 사이로 걸어 들어오더니 둘의 어깨에 팔을 둘렀다. 그러고는 식당에 모인 학생들을 바라보며 큰 소리로 외쳤다.
"자, 경쟁을 시작하자고!"

6
집착

　일주일이 지난 뒤, 아레스는 수업을 마치고 사물함에 들렀다. 그때 어디선가 아프로디테의 날카로운 목소리가 들려왔다. 돌아보니 아프로디테가 자기 팀원인 포세이돈을 사물함 앞에 오도 가도 못하게 세워 놓고 쪼아 대고 있었다.
　"과학 시험에서 C가 웬 말이니?"
　아프로디테는 포세이돈의 코앞에 파피루스 시험지를 흔들며 소리쳤다.
　"네가 더 잘할 거라 기대했어. 훨씬 더 좋은 점수를 받을 줄 알았다고."
　"어쩌겠어? 내가 본디 바다의 신잖아."

포세이돈이 싱글싱글 웃으며 농담을 던졌다.
"무슨 말인지 모르겠어? 바다가 영어로 씨(Sea)니까 성적도 씨(C)를 받는 거지."
예전의 아프로디테라면 그런 재미없는 농담에도 풋 하고 웃음을 터뜨렸을 터였다. 그러나 새로운 '팀 리더' 아프로디테는 달랐다.
"네 시험 성적 때문에 우리 팀이 지게 생겼잖아."
아프로디테가 잔소리를 마구 퍼부었다.
"금요일까지 이제 나흘 밖에 안 남았어. 경쟁에서 승리하려면 더 제대로 열심히 공부해야 해."
포세이돈은 미안한 마음에 고개를 툭 떨구고 웅얼거렸다.
"알았어. 노력해 볼게."
아프로디테는 한마디 더 덧붙였다.
"진지하게 하는 게 좋을 거야. 승패가 달린 일이라고."
아레스는 자기 귀에 들리는 말을 믿을 수가 없어서 고개를 절레절레 흔들었다. 아프로디테도 아테나도 이 경쟁을 지나치게 진지하게 받아들이고 있었다. 지난 며칠 동안 하루는 아프로디테 팀의 총점이 앞서고, 그 다음 날은 아테나의 팀이 앞서는 식으로 쫓기고 쫓는 접전이 벌어졌었다.

처음 며칠간은 아이들이 상대편 팀 소속의 친구들에게 우호적으로 대했었다. 심지어 상대팀이 지면 무슨 심부름을 시킬지 서로 간에 농담도 주고받았다. 예를 들어 메두사는 언니들에게 방 청소를 시키겠다고 맹세했다. 또 얼마 전 '무지개의 여신'이라는 칭호를 얻은 이리스는 자신이 만든 무지개를 타고 이동하곤 했는데, 이리스는 상대편 팀 아이들에게 그 무지개를 문질러 닦아 광을 내게 만들 작정이라고 했다. 포세이돈은 학교 주변에 만들어 놓은 야외 분수 안의 조각상을 청소시킬 계획을 세우고 있었다.

그런데 두 번째 주가 시작되고, 마감 시간이 점점 다가오자 분위기는 점점 긴장되고 아이들이 갈수록 날카로워졌다.

포세이돈이 자리를 뜨자 아레스는 곧바로 아프로디테에게 다가갔다.

"포세이돈한테 좀 심한 거 아냐?"

아레스는 사물함 앞을 떠나려는 아프로디테와 보조를 맞추어 걷기 시작했다.

"누가 보면 전쟁의 신이 내가 아니라 너인 줄 알겠어. 넌 이성적 경쟁을 '전투'로 만들고 있잖아!"

"혹시 모를까봐 하는 얘기인데 난 여신이거든."

아프로디테가 톡 쏘아붙였다.

"그리고 이거 전투 맞아. 내가 반드시 승리하기로 마음먹은 전투."

아프로디테는 아레스에게 눈총을 날리며 덧붙였다.

"너 때문에 질지도 모르지만 말이야!"

'오, 이런!'

아레스는 뜨끔했다.

'오늘 아침 과학 시험에서 내가 A를 받았다는 소식을 들은 모양이네.'

아레스가 받은 점수 때문에 당연히 아테나 팀의 총점이 올라갔다. 이 경쟁이 시작된 이후로 아레스는 영 마음이 괴로웠다. 아레스 스스로가 원래 경쟁을 즐기는 편인 데다 팀 안에서도 좋은 일원이 되고 싶고, 또 자기 자신을 위해서도 성적을 잘 받고 싶었다.

'나 자신을 위해서도, 팀을 위해서도, 학교를 위해서도 좋은 일이잖아. 그런데 내가 좋은 성적을 받을 때마다 아프로디테 앞에서는 배신자가 된 느낌이란 말이야.'

아프로디테가 자기 팀 소속인 헤라클레스를 발견하더니 걸음 속도를 높였다.

"헤라클레스! 너 문학 수업에서 B 마이너스를 받았다던데 어떻게 된 거야?"

어리숙하게 잔소리 세례를 받고 있을 헤라클레스가 아니었다. 헤라클레스는 아프로디테에게 붙잡히기 전에 잽싸게 현관문을 열고 밖으로 나가 버렸다.

아레스는 학교 현관 바깥쪽 계단에서 아프로디테를 다시 따라잡았다. 아프로디테는 허리에 손을 턱 얹고서 헤라클레스가 저 멀리 운동장으로 사라지는 모습을 지켜보고 있었다. 인상을 쓰는 바람에 아프로디테의 이마에 커다란 주름이 쫙 가 있는 걸 보고서 아레스는 속으로 중얼거렸다.

'흠, 에리스 누나가 주름 조심하라고 말했던 걸 잊었나? 그래도 지금은 아프로디테에게 굳이 그 이야기를 하지 않는 게 나을 것 같다.'

갑자기 아프로디테가 아레스를 향해 씩씩 대며 쏘아붙였다.

"네 사자 망토 뒤집어 쓴 친구한테 더 열심히 하는 게 좋을 거라고 전해 줘."

"네, 여신님!"

아레스는 일부러 거수경례까지 붙이며 대답했지만, 아프로디테는 아레스를 매섭게 노려볼 뿐이었다.

"재미없거든. 참, 혹시 판도라 봤어? 아, 저기 있다."

뜰에서 판도라를 발견한 아프로디테는 다음 희생양을 향해 쏜살같이 달려갔다.

하는 수 없이 아레스도 운동장으로 걸음을 옮겼다.

'쩝. 아프로디테가 생일 선물로 준 샌들을 신고 있는데 전혀 알아차리지 못했어.'

지금은 보통 속도로 걷기 위해 뒤꿈치의 날개에 샌들 끈을 감아 두었지만 아레스는 운동장에 도착하는 즉시 끈을 풀 작정이었다. 다가오는 템플 게임에 대비해서 이제부터 진지하게 훈련을 해야 하기 때문이었다.

아레스는 화강암 계단을 내려가서 학교 뜰을 지나갔다. 운동장까지 거의 반쯤 왔을 때 갑자기 어떤 나직한 소리가 아레스의 주의를 끌었다.

"헤이!"

헤라클레스였다. 헤라클레스는 길옆에 설치된 분수 뒤에 숨어 있었다.

"아프로디테 어디 있어? 이제 나가도 안전할까?"

아레스는 푸핫 하고 웃음을 터뜨렸다.

"야, 헤라클레스. 장난이지? 설마 사랑의 여신을 무서워하는 건 아니지?"

헤라클레스도 아레스도 근육질의 단단한 체구를 가졌지만, 헤라클레스는 불멸의 존재가 아니라 인간인 데도 아레스보다 키가 크고 힘도 강했다.

헤라클레스는 사자 망토를 고쳐 쓰고서 인도로 걸어 나왔다. 좀 창피해 하는 표정이었다.

"아까 아프로디테 소리 지르는 거 못 들었어? 어이, 아레스. 네 여자 친구 꽤나 무서워."

헤라클레스는 벌벌 떠는 시늉까지 해 보였다. 그러자 아레스가 받아쳤다.

"네 여자 친구도 만만치 않아. 내가 A를 받으려고 애쓰는 이유 중에는 아테나의 분노를 피하기 위한 이유도 크다고."

헤라클레스와 아레스는 나란히 운동장으로 향했다.

"이 놈의 성적 경쟁이 점점 더 엉망이 되어 가고 있어."

헤라클레스가 계속 투덜댔다.

"아우게이아스 왕의 외양간에 쌓여 있던 똥 무더기보다 더 지독하게 구려지고 있다니까!"

아레스는 씩 웃으며 대꾸했다.

"우아, 우리 상황이 그 정도로 끔찍한 거야?"

헤라클레스는 올림포스 학교의 입학 허가를 얻기 위해 열두 과제를 수행해야 했는데 그중 하나가 아우게이아스 왕의 거대한 가축우리를 치우는 일이었다. 아레스가 그 일을 도와주러 직접 가 본 건 아니지만 얼마나 지독한 악취가 났을지 충분히 상상할 수 있었다.

'웩!'

아레스가 진지한 얼굴로 다시 입을 열었다.

"아프로디테를 너무 탓하지는 마. 에리스 누나가 일주일 넘게 날 피해 다녀서 직접 물어보지는 못했지만, 내 생각에 이 난리 법석 성적 경쟁은 전부 누나의 아이디어였을 거야."

"그래? 아 참, 아레스, 네 누나가 가지고 있다는 그 사과 트로피 말이야. 도대체 어떤 물건이야?"

"트로피라니, 무슨 트로피?"

되묻는 순간, 아레스는 문득 떠오르는 기억이 있었다. 생일날 밤 여학생 기숙사 앞에서 이야기 나눌 때 아레스는 에리스가 들고 있던 가방 안에서 분명 황금색 물체를 보았었다.

"맙소사, 넌 그 이야기 못 들었어?"

헤라클레스가 눈을 동그랗게 뜨고 설명을 이었다.

"아테나가, 뭐랄까, 그 트로피를 손에 넣겠다는 생각에 완전히 사로잡혀 있어. 꼭 그 트로피가 아테나한테 마법을 건 것처럼 보일 정도야."

"마법이라고? 흐으음."

아레스는 생각에 잠겼다.

'혹시 아프로디테도 트로피의 영향을 받고 있는 건 아닐까?'

"이봐, 헤라클레스. 혹시 네가……. 으악!"

아레스는 갑자기 누가 세게 떠미는 바람에 앞으로 몇 걸음 떠밀려 나갔다. 놀라기도 하고 짜증이 나서 뒤로 휙 돌아선 순간, 아레스가 마주한 인물은…….

'엉? 내 룸메이트인 아틀라스잖아?'

올림포스 학교에서 가장 덩치가 큰 데다 역도 챔피언이기도 한 아틀라스가 아레스를 매섭게 노려보고 있었다.

"어이, 아틀라스. 왜 그래?"

아레스가 놀라서 묻자, 아틀라스가 헤라클레스를 가리키며 말했다.

"너야말로 왜 적군이랑 이야기 나누고 있는 거야?"

아틀라스가 잡아먹을 듯이 으르렁거렸다.

"상대 팀 리더랑 사귀는 것으로는 모자라나 보지?"

"적군이라니? 헤라클레스가 적이라고? 아, 진짜. 이 바보 같은 성적 경쟁 때문에 이제는 상대편 팀에 속한 아이들이랑은 어울리지도 못하게 된 거야?"

아레스는 어이가 없었다. 아틀라스가 티탄의 혈통을 타고 났고, 올림포스 신과 티탄이 오래된 앙숙이라고 해도, 셋이서는 늘 친하게 지냈었기 때문이었다.

"헤라클레스가 참 고마운 친구이긴 하지."

아틀라스가 거칠게 쏘아붙였다.

"네가 마법 사과를 훔치러 갔을 때 말이야, 날 속여서 하늘을 떠받치고 있게 만든 일을 내가 잊은 줄 아냐?"

아틀라스는 당장이라도 한판 붙을 기세였다! 세 소년은 온몸의 근육을 팽팽히 긴장시키며 싸울 자세를 취했다.

"헤스페리데스 정원의 사과 말이야? 그게 도대체 언제 적 일인데 그러냐?"

헤라클레스가 반박했다.

"그 사과를 구해 오는 건 올림포스 학교에 다니기 위해서 수행해야 할 과제 중 하나였어. 그리고 나중에 아레스와 포세이돈을 보내서 널 다시 데려왔잖아."

"아틀라스, 그건 헤라클레스 말이 맞아."

아레스가 한마디를 거들었다. 하지만 아틀라스는 신경도 안

쓴다는 듯이 콧방귀를 흥 꼈다. 그러고는 헤라클레스를 노려보며 성큼 한 걸음 다가섰다.

"아테나가 날 구해야 하지 않겠냐고 말해서 그런 거라며. 난 그렇게 들었어."

"누가 그래? 아테나가 그래?"

헤라클레스가 아틀라스에게 따지듯이 되물었다. 목소리를 들어보니 이제 헤라클레스도 바짝 긴장하고 있었다. 두 소년은 싸우기 직전의 자세를 취하고서 서로를 견제하며 빙글빙글 돌기 시작했다.

"기다려!"

아레스가 소리치며 둘 사이에 뛰어들었다. 아레스는 두 팔을 쫙 펴서 아틀라스와 헤라클레스의 거리를 띄워 놓았다. 오가는 이야기를 들어 보니 최근 아레스와 아프로디테처럼 헤라클레스와 아테나의 사이도 멀어진 듯했다.

'제길, 이 경쟁이 시작되기 전까지만 해도 아프로디테랑 정말 잘 지내고 있었는데. 요즘 아프로디테는 날 완전히 쌀쌀맞게 대한단 말이야.'

아레스는 두 친구를 향해 입을 열었다.

"혹시 너희가 잊었을까봐 알려 주는 건데, 어느 팀에 속할 건지는 우리가 직접 선택하지 않았다는 걸 명심해. 그냥 '배정' 받은 것뿐이라고."

아레스는 에리스가 어떤 아이인지 알고 있는 터라 나름대로 짐작 가는 바가 있었다.

'누나가 히드라 선생님께 각 팀의 명단을 구성하는 걸 도와주겠다고 하면서 친한 친구끼리 서로 경쟁하게 팀을 갈라놓았을 거야.'

아레스는 친구들에게 탄식 겸 하소연 겸 소리를 질렀다.

"맙소사! 요즘은 어째서 나만 빼고 모두 싸우질 못해서 안달이 나 있는 걸까? 애들아, 전생의 신은 나라고, 나!"

아틀라스는 아레스의 말을 못 들은 척하며 슬슬 뒤쪽으로 뛰어갔다. 그러더니 길옆에 서 있는 조각상을 한 손으로 들고 머리 위로 들어 올렸다가 내리기를 반복했다. 아틀라스는 올림포스 학교 역도 챔피언이어서 늘 아무 거나 집어 들고서 힘자랑을 하곤 했다.

"두고 보라고!"

아틀라스가 헤라클레스에게 고함을 질렀다.

"경쟁이 끝나는 금요일이 되면 우리 팀이 네 팀을 아주 박살 냈을 거야. 그럼 교장 선생님께서 약속하신 대로 난 너를 하루 동안 내 시종으로 삼을 거야. 하늘을 떠받치고 있는 것보다 훨씬 힘든 일을 찾아내서 너한테 시켜 주마! 예를 들면 커다란 네 머리통을 들고 있는 일 같은 거 말이야!"

고함 소리가 채 잦아들기도 전에 아틀라스는 들고 있던 조각상을 휙 던져서 길가에 다시 세워 놓더니 돌아서서 체육관으로 가 버렸다.

"저렇게 힘이 센만큼 성격도 좋으면 얼마나 좋겠냐!"

헤라클레스가 아틀라스의 뒤통수에 소리쳤다. 그때 근처 운동장에서 원반던지기를 하고 있던 아이가 헤라클레스를 불렀다. 헤라클레스가 아레스에게 작별 인사를 건네고 그쪽으로 달려가자, 아레스도 트랙으로 향했다.

'오, 신이시여! 이놈의 성적 경쟁이 완전 통제 불능 상태가 되고 있어!'

아레스는 몇 가지 스트레칭 동작을 하며 준비 운동을 하고서 새 샌들의 날개를 풀었다. 그러고는 장애물 코스를 날듯이 달리기 시작했다. 하지만 달리는 동안에도 머릿속은 그간 일어난 일들을 생각하느라 바빴다.

땅에서 살짝 떠오른 채 아레스는 몸을 숙여 장애물 쇠막대기 아래를 지나고, 앞에 줄줄이 나타난 흙더미를 풀쩍풀쩍 뛰어 넘고, 급경사를 따라 빙글 돌며 달렸다. 올림포스 학교의 장애물 코스에는 마법이 걸려 있어서 전혀 예상하지 못한 순간에 코스가 바뀌었고, 시도할 때마다 매번 구성이 달랐다. 템플 게임이 열리기 전까지 아직 한 달 반이라는 시간이 남아 있지만, 아레스는 그 기간 동안 충분히 훈련해 두고 싶었다. 세 번째 바퀴가 막 끝났을 때, 아레스는 헤라클레스가 에리스의 트로피에 대해 했던 말이 번뜩 떠올랐다.

'그 트로피에 정말로 마법이 걸려 있는 걸까? 아니면 불화를 일으키는 누나의 능력이 트로피에 옮아서 아테나와 아프로디테가 저렇게 눈에 불을 켜고 경쟁하는 걸까?'

아레스는 턱걸이를 하려고 트랙 옆에 설치된 철봉 앞에 섰다.

'하나, 둘. 하나, 둘. 하나, 어라?'

박자를 세며 턱걸이를 하던 아레스의 집중력이 흐트러졌다. 에리스가 안뜰을 가로지르는 모습을 보았기 때문이었다.

'드디어 마주쳤군! 기회가 딱 좋네.'

이번 만큼은 절대로 에리스가 슬쩍 빠져나가게 둘 수 없었다. 아레스는 얼른 철봉에서 내려와 운동장을 쏜살같이 가로질렀다.

'훈련보다 이쪽이 더 급해.'

드디어 에리스를 따라잡은 아레스는 머뭇거림 없이 곧바로

물었다.

"어디 가는 거야?"

에리스가 그 자리에 우뚝 서더니 뒤로 고개를 휙 돌렸다. 하지만 너무 급히 움직이는 바람에 중심이 흔들리면서 그대로 땅에 넘어지고 말았다. 아레스랑 마주친 걸 전혀 반기지 않는다는 게 얼굴에 쓰여 있었다.

아레스는 에리스가 가려던 방향을 슬쩍 확인했다. 분명 인간 세상으로 이어지는 길이었다.

"집에 가는 거야?"

"그럴 수도 있고, 아닐 수도 있고. 왜?"

에리스가 방어적인 태도를 취했다. 에리스는 아레스가 일으켜 주려고 내민 손도 모른 척하며 스스로 일어나 트로피 가방을 챙겼다.

"아, 뭐 그냥 물어봤어."

아레스는 에리스의 가방을 쓱 쳐다보며 손을 뻗었다.

"누나, 나도 그 트로피 잠깐 보여줘."

순간 에리스가 눈이 휘둥그레지더니 얼른 가방을 두 팔로 끌어안았다.

"왜? 뭣 때문에?"

에리스의 목소리에서 불안감이 묻어났다.

아레스는 가방을 향해 성큼 다가서 보았지만, 에리스가 가방을 휙 뒤로 빼는 바람에 아슬아슬하게 놓치고 말았다. 곧바로 에리스가 달아나기 시작했다. 아레스는 에리스를 뒤쫓으면 소리쳤다.

"이러면 교장 선생님한테 가서 그 트로피에 대해 말씀 드릴 거야!"

에리스가 다시 끼이익 멈춰 섰다. 분명 궁지에 몰린 듯한 표정이었다. 항복 선언을 하는 쪽은 늘 아레스였는데, 이번에는 에리스가 물러났다.

"알았어. 얼른 한 번 보기만 해."

에리스가 떨떠름하게 대답하더니 들고 있던 검은색 가방에서 트로피를 꺼냈다. 아레스는 그 순간을 놓치지 않고 얼른 팔을 뻗었다.

"잡았다!"

아레스는 트로피를 잡아채서 날개 샌들의 힘을 이용해 쌩하고 에리스에게서 멀어졌다. 아레스는 최신형 날개 샌들을 신고 있어서 학교 공용 날개 샌들을 신고 있는 에리스를 손쉽게 앞지를 수 있었다.

"이리 돌려줘!"

에리스가 고래고래 소리를 지르면서 미친 듯이 아레스를 뒤쫓았다. 하지만 아레스는 누나의 고함 소리를 못들은 척하며 트로피를 이리저리 돌려 보았다. 아레스는 트로피를 가지고 싶은 욕망이 주체할 수 없을 만큼 솟아오르리라고 짐작하고 있었다. 그런데 전혀 그런 느낌이 들지 않았다. 결국 아레스는 속도를 늦추고 멈춰 섰다.

에리스는 아레스를 따라잡자마자 트로피부터 잡아채려 했다. 그러나 아레스는 트로피를 내주지 않았다. 에리스는 극도로 불안해 하며 아레스의 얼굴을 빤히 쳐다보았다.

"왜? 나도 아프로디테나 아테나처럼 이 트로피에 목을 맬까 봐 걱정돼? 여기 새겨진 문장은 무슨 뜻이야. '가장 아름다운 자에게'라니?"

"아무 것도 아니야. 네가 무슨 소리를 하는 건지 통 모르겠네. 아프로디테와 아테나의 행동이 달라졌다면 그건 경쟁에서 이기고자 하는 본능 때문이겠지."

에리스는 미리 준비한 것처럼 술술 대답을 내놓았다.

"넌 전쟁의 신이잖아! 그쪽은 네 전문 아냐?"

"흥, 난 누나 말 안 믿어. 이 트로피에 어떤 특별한 힘이 깃들어 있는 거야? 나한테는 아무 영향도 미치지 않고, 그냥 평범한 트로피로 보이지만 말이야. 이 트로피에 분명 마법이 걸려 있는 거지?"

아레스는 또박또박 따져 물은 뒤 에리스에게 트로피를 돌려주었다. 실력 있는 운동선수이니 만큼 아레스의 방은 이 황금사과 트로피보다 훨씬 더 근사한 트로피로 가득했다.

"그럴 리가 있니? 넌 그냥 평범한 트로피처럼 느껴진다며."

순간 에리스의 얼굴에 안도의 빛이 스치는 듯했다. 그러나 다시 보니 에리스는 능글맞게 웃고 있었다.

'내가 잘못 봤나?'

"동생, 이제 됐지?"

에리스가 트로피를 다시 가방에 넣었다.

이어 둘은 날개 샌들의 힘으로 숲길 위에 살짝 떠오른 채로 빙글빙글 돌며 서로 탐색전을 벌였다.

"뭔가 달라졌어."

아레스가 마침내 입을 열었다.

"누나 체격이 훨씬 좋아지고 키도 커졌어. 힘도 더 강해진 것 같고. 여기서 말썽을 일으키는 걸 즐기고 있는 거지?"

아레스의 경험상 에리스는 말썽을 일으키며 자신감을 얻는

데다, 자신감이 커질수록 몸집과 힘이 강해졌다.

"그래. 난 올림포스 학교랑 잘 맞는 것 같아."

에리스는 전혀 미안해 하는 기색 없이 대꾸했다.

"애들 중에 몇몇은 좀 쌀쌀맞지만 말이야. 꼭 내가 자기들을 불안하게 만들기라도 한듯이 군다니까."

아레스는 에리스를 찬찬히 바라보았다. 만약 누나가 불화와 다툼의 여신이라는 사실이 알려지면(소문의 여신 파마가 학교에 있는 한 분명히 그리 될 텐데) 몇몇 아이들은 에리스에게 대놓고 쌀쌀맞게 굴게 분명했다.

"하지만 아프로디테는, 음, 그러니까, 네가 그 애를 왜 좋아하는지 알 것 같아."

에리스가 다시 말을 이었다.

"나한테 정말 잘해줘. 옷이랑 이런저런 것도 빌려주고."

에리스는 제자리에서 한 바퀴 빙그르르 돌면서 입고 있는 키톤을 자랑했다.

그 키톤이 아프로디테 것이라는 사실을 아레스가 알아보지 못한 건 전혀 놀랄 일이 아니었다. 옷에 대한 관심이 여느 남학생들과 다르지 않았기 때문이다. 즉, 관심이 거의 없는 수준이었다. 에리스는 아레스가 트로피에 대해 더 자세히 물어보려 한다는 걸 알아차렸는지 갑자기 이런저런 말을 쏟아내기 시작했다. 아레스는 도무지 끼어들 틈을 잡지 못했다.

"제우스 님은 지금 이 경쟁에 대해서 정말로 만족하고 계셔."

에리스는 허겁지겁 자랑을 이어갔다.

"학생들 성적이 전반적으로 다 올랐거든. 선생님들이 제우스 님한테 학생들이 수업 시간에 전보다 훨씬 열심히 더 공부한다고 보고했대."

순간 에리스가 말을 멈추었다. 그리고 에리스의 눈에 빛이 번득였다. 그 빛은 아레스한테는 너무나 익숙했다.

아레스가 눈을 가늘게 뜨며 물었다.

"내가 궁금한 건 누나가 거기서 얻는 이득이 무엇이냐는 거야."

"당연히 올림포스 학교 입학이지! 내가 이 학교에 어떤 기여를 할 수 있는지 증명해 보이면 제우스 님은 날 반드시 입학시켜 주실 거야. 내가 그 바보 같은 규칙을 바꿔 버릴 테니까. 쌍둥이나 세쌍둥이가 아닌 형제자매는 학교에 함께 다니지 못한다는 법이 어디 있어?"

갑자기 에리스가 아레스 쪽으로 휙 다가오더니 손을 뻗었다. 아레스는 누나에게 또 꼬집히거나 한 대 얻어맞을 거라 생각하고 움찔했다. 그런데 놀랍게도 에리스는 아레스를 덥석 끌어안았다!

"왜, 왜 그래?"

아레스는 당황해서 휘청거리며 몸을 뺐다. 그러자 에리스는 어이가 없다는 듯이 눈을 굴려 보였다.

"내가 코린트 학교에서 쫓겨난 걸 고해 바치지 않아서 하는 고맙다는 인사야. 게다가 누나가 동생을 안아 주는 데 꼭 이유가 필요하니?"

아레스는 기가 차서 입을 떡 벌리고 에리스를 쳐다보았다.

'꼬집거나 밀거나 주먹을 날릴 때도 꼭 이유가 있었던 건 아니거든?'

"또 보자!"

에리스는 활짝 웃으며 손을 한 번 흔들더니 가방을 들고 쌩하고 날아가 버렸다.

아레스는 완전히 어리둥절한 기분으로 멀어지는 누나의 뒷모습을 지켜보았다. 오래 전 부모님이 아레스에게 한 가족이니까 아레스가 누나를 보호해 줘야 한다고 말한 적이 있었다.

'물론 누나는 전혀 보호해 줄 필요가 없었어. 오히려 보호가 필요한 건 내 쪽이었지. 그것도 바로 누나로부터 말이야!'

아레스는 학교로 돌아가는 동안 생각에 잠겼다.

'누나 성격이 좋아진 건가? 그게 가능할까? 만약 우리 학교에 들어온다면 더 나은 쪽으로 변하게 될까? 글쎄. 그럴 것 같지 않아. 그냥 성공에 도취되어서 평소보다 다정하게 군 것 뿐일 거야.'

학교에 도착하자 아레스는 뒤꿈치의 날개에 샌들 끈을 감았다. 그러고는 보통 속도로 걸으며 청동 문을 지나 다음 수업이 있는 교실로 향했다.

'그래. 경쟁 때문에 다들 성적이 오르긴 했지. 대신 우리가 어떤 값을 치르고 있지? 헤라클레스와 아틀라스는 서로 말도 하지 않고, 룸메이트나 친구끼리는 맨날 다투지. 서로 긴장의 끈이 너무 팽팽해서 조만간 끊어지고 말거야. 어? 이게 무슨 소리지? 오, 맙소사! 그 끈이 벌써 끊어져 버린 모양인데.'

모퉁이를 돈 순간, 아레스는 서글픈 깨달음과 마주했다. 가장 친한 친구 둘이 고래고래 소리를 지르며 싸우고 있었다. 아레스는 모여든 구경꾼 사이로 걸어 들어갔다.

"너 때문에 야수학 시험을 망쳤잖아!"

바다의 신이자 요즘은 C학점의 신이기도 한 포세이돈이 아폴론에게 고함을 지르며 삼지창을 겨누었다. 정말로 찌르기라도 할 기세였다. 포세이돈은 아프로디테의 팀이고, 아폴론은 아레스처럼 아테나의 팀이었다.

"지금 내 탓을 하는 거야?"

아폴론이 마주 소리쳤다.

"포세이돈 너 도대체 왜 그래? 아, 심술쟁이 마녀 아프로디테한테 한 소리 들을까봐 겁나서 그러는구나."

대번에 아프로디테 팀에 속한 아이들이 성이 나서 소리를 지르며 포세이돈의 편을 들었다. 마찬가지로 아테나의 팀도 야유를 퍼부었다.

"모른 척하지 마. 네가 날 속였잖아!"

포세이돈이 다시 따지고 들었다.

"어젯밤 네가 공책을 빌려 준다고 했을 때 난 네가 날 도와주려고 그런 줄 알았지. 그런데 이제 보니 일부러 내용을 틀리게 써 놓은 거였어. 코발로이는 자상한 요정이 아니라 짓궂은 요정이고, 인간을 다독이는 게 아니라 속이는 걸 좋아한다고 써 있잖아!"

아폴론과 같은 팀 아이들이 푸핫 하고 웃음을 터뜨렸다. 아폴론은 씩 웃더니 이렇게 대꾸했다.

"네가 내 글씨를 못 알아봤나 보지 뭐."

"하!"

포세이돈이 코웃음을 치더니 다시 목청을 높였다.

"일부러 내 시험을 망치게 해서 너희 팀 점수를 올리려고 한 거잖아!"

다음 순간 삼지창에서 물을 뿜어져 나왔다. 포세이돈은 아폴론을 머리부터 발끝까지 푹 젖게 만들고는 냅다 달아나 버렸다. 이번에는 포세이돈 편 아이들이 껄껄 웃어 댔다.

"꼴좋다!"

누군가가 아폴론을 비웃었다.

아폴론은 바닥에 웅덩이가 생길 정도로 온몸에서 물을 뚝뚝 흘리며 소리쳤다.

"오, 신이시여! 내가 죽는 한이 있어도 너한테 꼭 복수……."

아폴론이 포세이돈을 뒤쫓아 가려는 순간 다음 수업을 알리는 리라 종이 울렸다.

모두들 자기 교실을 향해 움직이자, 아레스가 아폴론에게 다가갔다.

"어이, 이런 일이 벌어져서 곤란하겠지만……."

"아이고, 잘도 그러시겠네."

아폴론은 아레스의 말을 자르더니 휙 뒤돌아서서 가 버렸다.

아레스는 입을 떡 벌린 채 복도에 혼자 남았다.

"야, 아폴론! 내가 뭘 어쨌다고 그래? 난 너랑 같은 팀이야. 기억 안 나?"

아레스는 분통이 터졌다.

'이 놈의 성적 경쟁! 제발 빨리 끝났으면 좋겠다.'

아레스는 누나가 행복하기를 바랐다. 하지만 이런 일은 에리스가 올림포스 학교에 정식으로 들어오게 되면 얼마나 불행한 일이 벌어질지를 보여 주는 맛보기에 불과했다.

'어쩔 수 없어! 누나를 돌려보내야만 해!'

7
거짓말쟁이

"자, 여러분!"

아프로디테가 소리쳤다. 수요일 방과 후, 아프로디테는 학교 현관 화강암 계단 꼭대기에 서 있었다. 계단 끝에 있는 청동 문을 지나면 학교 본관이, 계단 밑으로 내려가면 안뜰이 나왔다. 아프로디테의 팀에 속한 아이들, 즉 전교생 중 절반이 계단 아래에 모여 있고, 개중에 몇몇은 안뜰에 흩어져 있었다. 아프로디테가 응원 연설을 하기 위해 아이들을 집합시켰기 때문이었다.

아프로디테는 분홍색 메가폰을 입에 가져다 대고서 가디스 걸스 응원단에서 할 때처럼 열정적인 목소리로 외쳤다.

"여러분, 경쟁에서 이길 준비됐나요?"

"예에에에!"

"바로 그 마음가짐이에요!"

사실 아프로디테는 조금 전 에리스로부터 아프로디테 팀의 점수가 아테나 팀보다 몇 점 뒤진다는 통보를 받았다. 물론 경쟁 기간 내내 서로 앞서거니 뒤서거니 하고 있기 때문에 그렇게 심각하게 받아들일 일은 아니었다. 하지만 경쟁이 끝나는 금요일까지 남은 시간은 사흘 뿐이었다!

"자, 오늘 밤에 다들 뭐 할 거예요?"

아프로디테가 메가폰에 대고 큰 소리로 물었다.

"공부요!"

"맞아요!"

아프로디테는 팀원들을 진심으로 격려했다. 그런 다음 아프로디테가 특별히 만든 응원 구호를 다 함께 외쳤다.

우리는 할 수 있다!

우리는 최고니까!

잠잘 틈이 어디 있나.

밤새도록 책을 읽자.

우리가 흘린 피땀

상대팀의 피눈물.
자, 일어나 발을 굴러.
(쿵쾅! 쿵쾅! 쿵쿵쾅!)
자, 박수쳐 소리 질러.
(짝! 짝! 짝짝짝!)
공부만이 살길!
공부만이 살기이이이이이일!

 응원 구호가 끝나자, 아이들은 열광적으로 소리를 지르고 박수를 쳤다. 몇몇 여학생은 허공으로 다리를 활짝 펴며 점프하는 응원 동작까지 선보였고, 남학생들은 허공으로 주먹을 추켜올렸다. 새로운 에너지와 결의에 찬 아이들은 곧바로 자기 방이나 도서관에 가서 공부를 하기 위해 학교 안으로 걸음을 옮겼다. 그 모습을 보며 아프로디테는 생각했다.
 '아쉽네. 경쟁 과목 중에 〈한마음 되기〉라는 과목도 있었으면 좋을 텐데. 그럼 우리 팀이 아주 쉽게 점수를 받을 수 있었을 거야.'
 해산한 아프로디테의 팀원들이 학교 안으로 들어가고 있을 때 불행히도 아테나의 팀에 속해 있는 마카이와 퀴도이모스가 현관 안쪽에 설치되어 있는 의자에 앉아 놀고 있었다. 아레스는 어째서인지 그 말썽쟁이 둘과 자주 어울려 다녔다.

아프로디테가 맨 뒤에서 걷고 있던 팀원을 따라 학교 안으로 들어오자 마카이와 퀴도이모스가 자리에서 벌떡 일어났다. 그러더니 마카이가 호주머니에서 두루마리 시험지를 꺼내 아프로디테의 얼굴 앞에 흔들어 댔다. A 플러스라는 채점 결과를 보자 아프로디테는 잊고 있던 기억을 떠올렸다.

'참, 그러고 보니 최근 이 말썽꾸러기들에 대한 불만이 꽤 들렸어. 우리 팀 아이들은 이 둘이 성적을 올리려고 부정행위를 하는 게 아닌지 의심하던데.'

"오우, 이런 비보가 있나! 우리 아프로디테 울겠네."

늘 인상을 쓰고 있는 마카이가 아프로디테의 약을 올렸다.

퀴도이모스도 자기 두루마리 시험지를 꺼냈다. 역시 A 플러스였다. 퀴도이모스는 신이 나서 고함을 질렀다.

"네 팀은 끝났어!"

"아프로디테 앞에서 꺼져! 이, 이…… 사기꾼들!"

아프로디테 팀에 속한 켄타우로스가 소리쳤다. 많은 올림포스 학교 남학생들처럼 켄타우로스도 오랫동안 아프로디테를 짝

사랑하고 있었다. 반인반마인 그 소년은 앞발로 대리석 계단을 두드리고 머리를 낮추며 당장 두 말썽쟁이에게 달려들 채비를 했다.

"워워, 진정해, 네 발굽!"

마카이는 너 따위 전혀 두렵지 않다는 듯이 말했지만, 켄타우로스가 아프로디테의 흑기사를 자처하고 나서자 슬그머니 한 걸음 뒤로 물러났다.

"아, 켄타 녀석, 부럽냐?"

현관 로비에는 아직 도서관이나 기숙사 또는 자기 방으로 돌아가지 않고 이 사태를 지켜보고 있는 아프로디테 팀 아이들이 열 몇 명 남아 있었다. 마카이는 그 아이들을 향해 큰 소리로 외쳤다.

"응원하는 데 시간 허비하는 대신 아프로디테도 아테나처럼 스터디 그룹을 짜야 했어. 그럼 너희한테도 이길 수 있는 기회가 있었을지도 모르는데 말이야. 어떻게 하면 좋냐? 너희 모두 우리 시종이 될 판국이니. 하하하하!"

마카이와 퀴도이모스가 배꼽을 잡고 웃었다.

아프로디테의 팀 아이들이 분노에 차서 웅성거렸다.

아프로디테는 두 말썽꾼을 향해 메가폰을 척 들더니 자기 팀 아이들을 향해 외쳤다.

"얘들아, 날 지지해 주고 믿어 줘서 고마워. 이 둘은 그냥 무시해. 우리가 이길 거라는 사실을 알아서 저러는 거야!"

"야, 고막 터지겠어!"

어마어마하게 큰 메가폰 소리에 마카이와 퀴도이모스는 움찔하며 귀를 막았다.

"어머나! 미안."

아프로디테는 다정한 목소리로 말했지만 전혀 진심이 아니었다. 마찬가지로 자기 팀 아이들한테 자신감 있는 모습으로 말했지만 솔직히 조금 걱정이 들었다.

'마카이 말이 사실일지 몰라. 저 둘이 시험에서 최고점을 받았다면 아테나가 만든 스터디 그룹이 정말로 도움이 된다는 말이야.'

마카이와 퀴도이모스는 수적으로 자신들이 밀린다는 걸 깨달았는지 몸을 숙이고 아프로디테 곁을 스쳐 달아나기 시작했다.

"이 패배자들아, 잘 있어라."

둘이 함께 현관문을 열고 밖으로 도망치던 마지막 순간에 퀴도이모스가 뒤를 바라보며 외쳤다.

포세이돈을 비롯한 아프로디테 팀 남학생 몇이 둘을 뒤쫓으려 했다.

"저놈들 잡아!"

그러나 아프로디테는 두 팔을 쫙 펴고 열린 문 앞을 막아섰다.

"멈춰!"

아프로디테는 깜짝 놀라서 소리쳤다.

"싸우면 안 돼!"

물론 아프로디테는 자기 팀이 승리하기를 바랐고, 전날 사물함 앞에서 아레스에게 전투 운운했지만 실은 다툼을 일으키고 싶지는 않았다.

'상황이 어떻게 되든 난 사랑의 여신이라고!'

최근 아프로디테와 아테나는 서로 마주치지 않으려고 했지만 혹여 만나게 될 때에는 최대한 서로에 대한 예의를 지켰다.

'아테나가 지금 이 자리에 있지는 않지만 만약 마카이와 퀴도이모스의 행동을 보았다면 분명 속상해 했을 거야.'

다행히 아프로디테의 팀 아이들은 아프로디테의 요청을 따라 주었다. 그래도 아프로디테는 계단을 올라가는 아이들을 잠자코 지켜보았다. 혹시라도 누군가 마음을 바꿔 마카이와 퀴도이모스를 뒤쫓아갈까봐 염려되었기 때문이었다.

마침내 아프로디테도 위층으로 올라가려는 찰나 아레스가 열린 현관문으로 들어왔다.

"아, 아프로디테. 안녕!"

"안녕 못해."

아프로디테는 쌀쌀맞게 대답했다.

"이제 목요일, 금요일 이틀 밖에 남지 않았는데 너희 팀이 우리를 앞서고 있거든."

아레스가 일부러 성적을 낮게 받기를 바랄 수는 없는 일이지만 아프로디테는 최근 아레스의 높은 성적 때문에 삐쳐 있었다.

'네 성적 때문에 아테나 팀의 점수가 확 올라갔단 말이야.'

아레스는 머쓱한지 뒷목을 문질렀다. 좀 당황한 얼굴이었다.

"말이 나왔으니 말인데 우리 이야기 좀 나눌 수 있을까?"

아프로디테는 안뜰의 해시계를 힐끗 쳐다보았다.

"음, 내가 지금 좀 바빠. 성적을 올리려고 추가 점수를 받을 수 있는 과제를 제출하기로 했거든. 하지만 네가 괜찮다면 따라와도 좋아."

아프로디테는 현관문을 닫고 안으로 걸어 들어갔다. 아레스는 아프로디테를 따라 복도를 지나 빈 교실로 들어갔다.

교실 안에 들어선 아레스는 주위를 휘휘 둘러보았다. 뭔가 혼란스러운 눈치였다.

"어, 여기는 한 번도 와 본 적이 없는 것 같아. 왜 교실 안에 거울이 이렇게 많이 있지? 저기 벽 선반에 놓여 있는 온갖 상자며 단지는 다 뭐야?"

아프로디테는 빙그레 웃으며 가까운 선반에 놓여 있는 실물 크기의 마네킹 머리를 집어 들었다.

'당연히 넌 여기 와 본 적 없을 거야.'

아프로디테가 마침내 입을 열었다.

"여긴 미모학 교실이야."

"아, 그렇구나. 어쩐지."

아레스는 수업 재료가 놓여 있는 선반 위를 둘러보았다. 그중 한 상자를 열자, 안에서 마법 화장붓이 휙 튀어 나왔다. 아레스는 놀라서 두 눈이 휘둥그레졌다. 마법 화장붓은 아레스의 새파란 두 눈 앞에서 둥둥 떠다니며 붓촉을 물음표 모양으로 구부려 보였다.

"어?"

아레스가 얼른 머리를 뒤로 뺐다.

"이 녀석이 왜 이러는 거지?"

아프로디테는 까르르 웃음을 터뜨리며 대답했다.

"네 지시를 기다리는 거야. 어떻게 화장하고 싶은지 묻고 있어."

 소녀스러운 물건들과 온갖 미용용품 앞에서 정신을 차리지 못하는 아레스를 보니 꽤나 귀여웠다.
 "오, 아냐."
 아레스는 뒤로 한 걸음 물러나며 마법 화장붓에게 말했다.
 "난 괜찮아. 고마워."
 이번에는 마법 화장붓이 놀라서 뒤로 휙 물러났다. 아마 마법 화장붓은 세상의 모든 이들이 화장을 해야 한다고 생각하는 것 같았다. 화장붓이 붓촉을 축 늘어뜨리더니 다시 상자 안으로 휙 돌아가 버렸다. 곧바로 상자 뚜껑이 마법처럼 탁 하고 닫혔다.
 아프로디테는 마네킹 머리를 들고서 책상 앞에 자리를 잡고 앉았다. 그러고는 거울에 비친 자기 모습을 슬쩍 살펴보았다. 아프로디테는 아레스가 느긋하게 교실 안을 구경하고 있는 틈을 이용해서 키톤 주름을 펴고 잔머리를 넘겨 정리하며 매무새를 다듬었다.
 "아까 거기서 마카이와 퀴도이모스는 뭘 하고 있었던 거야?"
 아레스가 무심히 물었다.
 "녀석들 얼굴이 행복해 보이더라고. 그건 뭔가 말썽이 있었다는 뜻이잖아."

아프로디테는 거울을 보고 있다가 아레스의 말을 듣고 인상을 썼다. 하지만 입가에 주름이 살짝 잡힌 걸 보고서 곧바로 인상을 풀었다.

"어제 과학 시험에서 만점을 받았대."

아프로디테는 앞에 놓여 있는 마네킹 머리를 찬찬히 살피며 대답했다. 추가 점수 과제는 상상력을 이용해서 앞으로 100년 뒤 사람들이 즐겨할 만한 '초현대적인 화장'을 고안해 내는 것이었다. 그런데 불행히도 지금 이 순간 아프로디테의 상상력이 바닥나 버린 것 같았다.

"말도 안 돼!"

아레스가 코웃음을 쳤다.

"그 둘은 가방에서 책 꺼내는 법도 모를 녀석들인걸."

"아테나의 스터디 그룹 덕분에 성적이 올랐다고 자랑하더라."

아프로디테는 마네킹 얼굴에 파우더를 바르며 말을 이었다.

"그런데 우리 팀 아이들 중 몇은 그 둘이 부정행위를 했을 거라고 생각해."

"그럴 수도 있어."

"정말?"

아프로디테는 아레스의 대답에 깜짝 놀라서 고개를 돌렸다.

"넌 그 애들 편을 들지 않을 거야? 난 네가 같은 팀이니까 그럴 거라 생각했어."

아레스는 상관하지 않는다는 듯이 어깨를 들썩여 보였다.

"나도 그 녀석들과 같은 스터디 그룹이거든. 그런데 한 번도 참석한 적이 없어."

아레스는 손가락으로 책상 위를 톡톡 치며 말을 이었다.

"그 둘이 부정행위를 하고 있다면 그건 잘못된 일이야. 하지만 부정행위를 하는 아이들이 그 둘만은 아닐 거야. 다들 서로를 이기지 못해서 안달이잖아."

"솔직히 난 이 경쟁이 빨리 끝나면 좋겠어."

아프로디테는 한숨을 푹 쉬며 다시 과제를 시작했다. 서둘러 주황색 아이섀도를 마네킹의 눈두덩이에 바르고, 입술에 립글로스를 근사하게 칠했다. 그런 다음, 눈꺼풀에 보라색 선을 길게 그려 넣고 눈 위아래에 까만색 삼각형을 그렸다. 아프로디테는 성적 경쟁이 부정행위로까지 이어질 수 있다는 생각을 한 번도 해 본 적 없었다.

'그런데 지금 생각해 보니······.'

"덩치가 커졌더라고. 너도 알아차렸어?"

아레스가 움직이던 손을 멈추며 말했다. 그러더니 자리에서

벌떡 일어나 튜닉 호주머니에 두 손을 찔러 넣고서 교실 안을 왔다 갔다 하기 시작했다.

아프로디테는 아레스를 힐끗 쳐다보고서 마네킹 머리에 반짝이를 살짝 뿌렸다.

"누구 얘기 하는 거야?"

"에리스 누나 말이야. 음, 동물 중에 적에게 무섭게 보이려고 몸을 훅 부풀리는 것들이 있잖아. 고양이나, 두꺼비처럼 말이야. 누나 경우에는 자신의 세력이 점점 더 강해진다고 느끼면 몸집이 커져. 요즘 들어 평소보다 키도 최소 15센티는 커진 것 같고, 체격도 좋아졌어. 누나 스스로 그렇게 만드는 게 아니라 무의식적인 현상이야. 일단 몸이 커지기 시작하면 확실히 더 위협적이긴 하지."

"오, 신이시여."

아프로디테는 하던 일을 멈추고 아레스를 빤히 쳐다보았다.

"네 말만 듣고 보면 넌 에리스를…… 두려워하는 것 같아."

아레스가 다가와 아프로디테의 곁에 자리를 잡고 앉았다.

"그래. 나도 내가 전쟁의 신이고, 용기나 전투가 나를 대표하는 말이라는 거 알아. 그치만 넌 나만큼 에리스 누나를 알지 못해. 지금 학교에서 온갖 입씨름이며 싸움이 벌어지고 있지? 그게 바로 에리스 누나의 힘이야. 누나의 본성이지."

아프로디테의 눈이 휘둥그레졌다.

"그럼 에리스가 그런 일을 일부러 일으키고 있다는 거니? 어떻게? 왜?"

"생일 파티 때 내가 에리스 누나는 불화와 다툼의 여신이라고 말했던 거 기억나? 누나는 말썽을 일으키기 위해 존재하는 거나 다름없어."

"그래. 네가 그런 말을 했지. 하지만 난 그 말과 우리 학교에서 벌어지고 있는 일을 연관짓지는 않았어. 에리스가 여기 있는 동안 난 우리 팀 성적을 어떻게 끌어올릴지를 궁리하느라 너무 바빴거든!"

아프로디테는 그제야 깨달았다.

'아레스는 에리스가 여기 머물지 않기를 진심으로 바라고 있어. 이유를 들어 보니 그럴 만도 해!'

아프로디테는 아레스가 정말로 속상해 하고 있다는 걸 알아차리고서 기분을 풀어 주고자 여태 작업하고 있던 마네킹 머리를 아레스 쪽으로 돌려놓았다.

"이거 어때?"

아레스는 눈을 휘둥그레 뜨고서 아프로디테의 작품을 쳐다보더니 머뭇머뭇 입을 열었다.

"어…… 그게…… 솔직히 좀 무서워 보여."

아레스와 아프로디테는 동시에 풋 하고 웃음을 터뜨렸다.

"그렇지? 좀 무서워 보이지?"

아프로디테가 말을 이었다.

"미래에 유행할 화장을 제안해 보라는 게 과제였는데, 지금으로선 미래가 꽤 무시무시할 거라는 말밖에 못하겠네."

아레스가 아프로디테 곁에 와서 앉더니 파란 두 눈으로 아프로디테를 진지하게 바라보았다.

"아프로디테, 아무 것도 두려워하지 마. 내가 약속할게. 이 경쟁은 곧 끝날 거야. 설사 네 팀이 이기지 못한다고 하더라도 기껏해야 트로피 하나 얻지 못하는 것뿐인데 뭐 어때?"

아레스는 쿡쿡 웃으며 말을 이었다.

"있잖아. 난 사실 한동안 에리스 누나의 트로피에 마법이 걸려 있는 게 아닐까 생각했어."

"정말?"

아프로디테는 내심 놀라서 되물었다. 지난 며칠 에리스는 아프로디테의 방에 머물 때마다 아프로디테에게 트로피가 광이 날 때까지 닦는 일을 맡겼었다. 그 이후 시간이 지날수록 트로피에 대한 아프로디테의 갈망은 점점 더 커지기만 했다.

'아레스가 한 말이 영 걸려. 솔직히 나도 그 생각을 안 한 건 아니야. 혹시 내가 트로피의 마법에 걸린 걸까? 아테나도?'

아레스가 대답했다.

"응. 하지만 나도 그 트로피를 손에 들어 봤거든. 그런데 그냥 평범한 트로피더라고. 마법의 힘 같은 건 전혀 느껴지지 않았어."

"아, 그래?"

아프로디테는 속으로 안도의 한숨을 쉬었다. 가능한 빨리 그 트로피를 자기 것으로 만들려 하고 있었는데 아레스가 트로피를 멀리하지 않아도 된다고 하니 한결 마음이 놓였다.

아레스가 아프로디테의 손을 살포시 잡더니 말했다.

"이렇게 단둘이 이야기 나누던 시간이 그리웠어. 누나가 나타나서 성적 경쟁을 벌이기 전처럼 말이야."

"나도 그래. 하지만 에리스가 어떤 면에서는 도움이 되는 것 같아. 경쟁 때문이라도 아이들 성적이 전체적으로 올랐잖아."

아레스가 대답하기 전에 디오니소스가 교실 문 앞에 나타나 아레스를 보고 소리쳤다.

"드디어 찾았다!"

디오니소스는 교실 안을 휘 둘러보더니 씩 웃으며 말했다.

"어이, 아레스. 무슨 미용 상담이라도 받고 있는 거야?"

아레스는 아프로디테의 손을 놓고 자리에서 벌떡 일어났다.

"아, 맞다! 저녁 식사 전에 스터디 모임을 하기로 했지. 잊고 있었네."

디오니소스가 자세를 반듯이 하며 고개를 끄덕였다.

"내가 널 찾아내서 다행인 줄 알아. 만약 늦기라도 하면……."

디오니소스는 손가락으로 목을 긋는 시늉을 했다.

"우리가 참석하지 않았다는 걸 아테나가 알면 아주 팩팩거릴 거라고만 말해 두지."

아레스는 문으로 향하는 도중에 고개를 돌려 아프로디테에게 말했다.

"이따가 또 이야기 나누자."

아프로디테는 고개를 끄덕여 답했다. 그런데 내심 아레스가 했던 말이 걸렸다. 아레스와 디오니소스가 떠난 뒤 아프로디테는 서둘러 미모학 과제가 덜 무서워 보이도록 수정했다. 그런 다음 저녁 식사 시간이 되기 전에 키톤을 갈아입으려고 기숙사로 향했다. 입고 있는 키톤이 더러워져서 그런 게 아니라 아프로디테는 매번 다른 일을 할 때마다 새로운 옷을 입는 걸 좋아하기 때문이었다.

'하루에 옷을 몇 번씩 갈아입는 게 뭐가 어때서?'

아프로디테는 기숙사로 가는 계단을 오르다가 계단을 내려오고 있는 아테나 그리고 페르세포네와 마주쳤다. 둘은 머리를 마주 대고 열심히 이야기 나누다가 아프로디테를 본 순간 입을 꾹 다물었다. 서로를 지나치는 순간 셋은 어색하게 웃으며 고개만 까딱여 인사를 나누었다.

아프로디테는 마음이 너무나 무거웠다.

'이 성적 경쟁이 끝나면 우리 넷이 마음의 상처 없이 예전처럼 우정을 나눌 수 있을까? 내가 너무 큰 걸 바라는 걸까? 부디 예전으로 돌아갈 수 있기를 바랄 뿐이야.'

아프로디테는 다시 마음을 다졌다.

'하지만 일단 우리 팀이 경쟁에서 이겨야 해. 난 그 트로피를 꼭 가지고 말 거니까!'

8 차사해

저녁 식사가 끝나자 아레스는 새 날개 샌들을 신고 곧바로 운동장으로 달려갔다. 트라이애슬론 선생님이 다가오는 템플 게임에 참가 신청을 한 남학생을 대상으로 특별 훈련을 마련했는데 오늘 밤에 그 첫 훈련이 있었다.

불행히도 에리스가 붙여 놓은 경쟁의 불길이 운동장에서도 활활 타오르고 있었다. 몇몇 학생이 달리기 시합 중이었는데, 평소에는 온화하고 예의바른 아프로디테 팀 소속 에로스가 팔꿈치로 마카이의 옆구리를 공격하며 경주로에서 밀어내고 있었다.

'맙소사, 내 눈을 믿을 수가 없네. 에로스는 심지어 사랑의 신

이라고!'

보아하니 마카이와 퀴도이모스가 과학 시험에서 부정행위를 했다는 비난도 아직 사그라지지 않은 모양이었다.

"너희 둘이 커닝한 거 다 알고 있어!"

포세이돈이 마카이에게 소리치자, 에로스도 거들었다.

"그래. 수법을 아직 알아내지 못한 것뿐이야!"

그러자 아폴론이 마주 고함을 질렀다.

"야, 마카이를 내버려 둬! 너희 우리를 질투해서 그러는 거지? 성적 좋은 아테나가 우리 팀 리더라서 우리가 앞서 나가니까 말이야!"

"옳소!"

누군가가 다시 소리쳤다.

"아프로디테 팀은 멍청이만 모여 있어!"

아레스는 양 팀 사이로 걸어 들어갔다.

'나 참! 전쟁의 신이 싸움을 말리고 있으니 도대체 일이 어떻게 돌아가는 거야? 쩝, 불화를 일으키는 누나의 능력이 나한테만 통하지 않으니 어쩌겠어? 템플 게임 훈련 동안 전면전이 벌어지지 않도록 막으려면 내가 나서는 수밖에!'

"자, 자, 얘들아!"

아레스가 소리쳤다.

"우리 그냥 사이좋게 지내면 안 될…… 우앗!"

하데스가 누군가에게 떠밀려 넘어지면서 아레스와 부딪혔다. 이내 모두가 서로 떠밀고 멱살을 잡으며 싸우기 시작했다.

삐이이익!

"모두 동작 그마아아안!"

화가 나서 얼굴이 시뻘게진 트라이애슬론 선생님이 호루라기를 불며 달려왔다. 트라이애슬론 선생님은 운동장 반대편에 장애물 코스를 만들기 위해 등반용 그물을 설치하던 중이었다. 곧바로 선생님은 아이들을 모아서 트랙 가운데에 있는 잔디밭에 앉혔다.

"이게 대체 무슨 일인지 누가 설명 좀 해 보지 그래?"

트라이애슬론 선생님이 엄청나게 큰 소리로 불호령을 내렸다. 제우스 교장 선생님 저리 가라 할 정도였다. 아레스는 귀청이 떨어져 나갈 듯한 고함 소리를 들으며 생각했다.

'음, 트라이애슬론 선생님은 성적 경쟁과 남학생들 사이의 악감정이 연관되어 있다는 사실을 눈치 못 채셨나. 아, 어쩌면 성적 경쟁에 대해서 모르실 수도 있겠구나. 이번 경쟁은 주요 과목 성적만 반영되니까.'

아무도 입도 벙긋하지 않자, 트라이애슬론 선생님은 스포츠맨 정신이 얼마나 중요한지 단단히 타이르기 시작했다.

"경쟁을 하다 보면 이길 때도 있고, 질 때도 있는 법이야. 하지만 훌륭한 선수라면 상대방을 존중하고, 정정당당하게 겨루며, 결과에 상관없이 경기 자체를 즐겨야 한다!"

아레스는 전에도 이 같은 설교를 들어 본 적이 있었다. 사실 한두 번이 아니었다. 아레스는 주변에 앉아 있는 아이들을 둘러보았다. 모두 한 번씩은 들어 본 설교였지만, 이번 만큼은 아이들이 트라이애슬론 선생님의 가르침을 얼마나 마음에 새길 수 있을지 의문스러웠다. 아니나 다를까 장애물 코스 훈련을 위해 흩어졌을 때 대부분의 아이들은 여전히 인상을 구기고 있었다.

잠시 후 아레스는 헤라클레스와 함께 첫 번째 장애물(트라이애슬론 선생님이 설치해 놓은 등반용 그물)을 기어오르고 있었다. 그런데 난데없이 어디선가 원반이 날아와 헤라클레스의 머리를 아슬아슬하게 비껴갔다.

"어이쿠, 미안!"

아틀라스가 운동장 저편에서 소리쳤다. 말투와 달리 목소리에는 만족스러운 기색이 분명 묻어났다.

"좋아! 기다려, 내가 미안한 게 뭔지 가르쳐 줄 테니까!"

헤라클레스가 허공에 주먹질을 하며 소리쳤다. 헤라클레스는 아레스를 쳐다보며 투덜거렸다.

"아틀라스 녀석. 요즘 내 성미를 지나치게 건드리는걸."

헤라클레스는 덤덤하게 반응하지 않았지만, 아레스는 이런 다툼에 너무 지쳐서 더 이상 왈가왈부할 힘도 없었다.

그물 벽을 한참 기어오르다 보니 아레스는 온몸의 근육이 팽팽하게 땅기고 숨이 턱까지 차올랐다.

"어이, 헤라클레스. 지난번에 에리스 누나의 트로피가……, 혹시……, 아테나와 아프로디테한테……, 어떤 마법을 걸어서……, 둘이 그렇게……, 경쟁심을……, 불태우는 거 아닐까……, 의심스럽다고 했잖아?"

"그랬지."

"나도 네 생각이 맞지 않을까……, 의문이 들더라고."

아레스와 헤라클레스는 땅으로 훌쩍 뛰어내린 뒤 다음 장애물을 향해 달려갔다. 풀밭 위에 마법 고리가 줄줄이 놓여 있었다. 그 마법 고리를 절대 밟지 않고, 고리 안에 한발씩 디디며 빠르게 이동하는 훈련이었다. 아레스와 헤라클레스는 고리와 고리를 껑충껑충 뛰어 다니며 풀밭을 가로지르기 시작했다.

"그래서?"

헤라클레스가 물었다.

"아무리 봐도……, 아테나의 행동이 영 이상해. 분명히 뭔가 이유가……, 있을 거야."

"트로피 때문은……, 아닌 것 같아. 그냥 평범한 트로피였어."

아레스는 헉헉 대며 설명을 이었다. 이 장애물이 힘든 이유는 마법 고리가 계속 움직이기 때문에 고리에서 눈을 떼지 않고 쫓아야 한다는 점이었다.

"내가 직접……, 그 트로피를 들어 봤거든. 아무래도……, 확인해 봐야겠다 싶어서. 그런데……, 마법의 힘은……, 느껴지지 않았어."

두 소년 신이 성공할 때마다 마법 고리가 반짝 하고 빛을 발했다. 곧 두 소년은 마법 고리 코스를 끝내고 다음 장애물을 향해 달려갔다.

"그럼……, 우리 둘 다……, 헛다리를 짚은 거네."

헤라클레스가 대답과 함께 아레스와 커다란 나무에 걸려 있는 밧줄 사다리를 기어올라 반대편으로 다시 내려갔다.

바닥에 내려서자 두 소년은 낮게 걸려 있는 그물망 밑을 포복해서 통과하기 시작했다.

"네 누나는……, 매사에 굉장히……, 극단적인 거 같아."

헤라클레스가 열심히 땅을 기며 말했다.

"에리스가……, 불화와……, 다툼의 여신이란 거 사실이야?"

아레스는 그걸 어떻게 알았냐고 묻는 듯한 눈으로 헤라클레스를 쳐다보았다. 헤라클레스의 대답은 간단했다.

"파마."

아레스는 고개를 끄덕이고서 팔꿈치와 무릎을 열심히 놀리며 속력을 높였다. 창피한 어린 시절에 대해 시시콜콜하게 이야기할 것 없이 아레스는 이렇게만 대답했다.

"맞아. 사실이야."

이제 아레스는 숨이 너무 가빠서 말을 할 수 없는 지경이었다. 두 소년은 묵묵히 포복 코스를 통과했다.

마침내 코스 끝에 이르자 둘은 다시 일어서서 역도장으로 갔다. 아레스는 양쪽에 22킬로그램 원반이 달린 역도봉을 잡고 머리 위로 들어 올리기 시작했다. 입에서 끙 하고 신음 소리가 절로 새어 나오는 사이사이, 아레스는 설명을 이어 갔다.

"에리스 누나는……, 이번 성적 경쟁처럼……, 말썽을 일으킬 때마다……, 능력이 더……, 강해져."

"그렇구나."

헤라클레스도 역도봉을 머리 위로 들어 올렸다가 내렸다가 하며 대답했다. 헤라클레스는 44킬로그램짜리 역도봉을 하나도 아니고 한 손에 두 개씩, 총 네 개를 들고 있는데도 땀 한 방울 흘리지 않았다. 힘이 엄청나게 센 헤라클레스에게 무거운 역도봉은 마시멜로를 꽂아 놓은 이쑤시개 정도에 지나지 않아서 별로 운동이 되지 않았다. 반면 아레스는 힘이 그 정도로 세지 않았기 때문에 사실 헤라클레스가 마음만 먹으면 아레스를 쉽게 따돌릴 수 있었다.

쾅!

헤라클레스가 역도봉 네 개를 한꺼번에 내려놓으며 물었다.

"성적 경쟁 때문에 아이들이 이상해졌다는 걸 교장 선생님도 알고 계실까?"

아레스는 인상을 찌푸리며 자신의 역도봉을 내려놓았다.

"아니. 내 생각에는 교장 선생님께서 이 사태를 제대로 파악하지 못하신 것 같아. 성적 경쟁이 단순히 성적을 올리기 위한 방법이라고만 생각하시나봐."

그때 트라이애슬론 선생님이 호루라기를 불어 훈련 종료를 알렸다.

"아틀라스, 아폴론, 마카이, 에로스, 포세이돈!"

트라이애슬론 선생님의 우렁찬 목소리가 운동장에 울려 퍼졌다.
"너희 다섯은 남아서 장비 정리를 하도록 해!"
그 지시를 듣고 아레스는 속으로 생각했다.
'흠, 일부러 저 다섯 명을 고르신 걸 거야. 녀석들이 아직도 씩씩 대고 있으니, 선생님이 지켜보는 앞에서 함께 일을 하면 화해하는 데 도움이 될 거라 여기셨나 봐.'
아레스는 헤라클레스와 학교 건물로 돌아가다가 뒤를 힐끗 돌아보았다. 다섯 소년이 훈련 장비를 옮기는 동안 트라이애슬론 선생님이 스포츠맨 정신에 대해 다시 한 번 강조하고 있었다.
학교 안뜰에 들어섰을 때 아레스는 저편에서 아프로디테, 아테나, 페르세포네, 아르테미스가 응원 연습을 하고 있는 걸 보았다. 그런데 넷 다 애매하게 눈길을 돌리며 서로를 쳐다보려 하지 않았다.
"오, 이런!"
헤라클레스가 팔꿈치로 아레스를 툭 치며 주의를 끌었다. 아레스가 돌아보니 아프로디테와 아테나가 공중제비 돌기를 하다 말고 말다툼을 하고 있는 듯했다.
아레스가 얼른 그쪽으로 가 보려 했지만 헤라클레스가 아레

스의 팔을 붙들었다.

"어이 친구!"

헤라클레스는 고개를 절레절레 흔들었다.

"좋지 않은 생각이야."

아레스는 어리둥절했다.

"둘의 싸움을 말리지 말라는 얘기야?"

"말리면 그 화를 우리에게 퍼부을 텐데? 어휴, 난 됐어."

헤라클레스가 갈 테면 가라는 듯이 아레스의 팔을 놓았다.

아레스는 인상을 찌푸리긴 했지만 헤라클레스의 말도 일리가 있다는 걸 깨달았다.

"빨리 이 경쟁이 끝났으면 좋겠어."

아레스는 헤라클레스와 함께 학교 뜰을 가로지르며 불만을 늘어놓았다.

"이제는 어느 팀이 이기든 관심도 없어."

"나도 그래."

헤라클레스는 아프로디테와 아테나 쪽을 힐끗 돌아보고서 말을 이었다.

"아테나가 이렇게까지 행동하다니 도대체 믿을 수가 없어. 아프로디테도 마찬가지고. 분명 뭔가에 홀린 거야."

이윽고 둘은 학교 청동 문 앞에 도착했다. 헤라클레스가 문을 열며 말했다.

"난 식당에 가서 요기 좀 하고 올라갈게."

아레스는 고개를 끄덕였지만 마음은 다른 곳에 가 있었다.

"이따 보자."

5층 남학생 기숙사로 올라가는 내내 아레스의 머릿속에 헤라클레스가 했던 말이 반복되어 울려 퍼졌다.

'분명 뭔가에 홀린 거야. 분명 뭔가에 홀린 거야.'

기숙사 복도를 반쯤 지났을 때 아레스는 퍼뜩 떠오르는 기억이 있었다. 트로피에 마법이 걸려 있느냐는 아레스의 물음에 에리스는 "넌 그냥 평범한 트로피처럼 느껴진다며."라고 대답했었다.

'넌 그냥 평범한 트로피처럼 느껴진다며. 너한테는 평범하다. 그래! 남자한테만 평범한 트로피로 보이는 거야. 정확한 이유는 모르겠지만 여자들한테는 트로피가 아주 특별하게 느껴지는 거고!'

생각하면 생각할 수록 교묘한 대답이었다. 에리스가 거짓말을 했다고 꼬집어 말할 수 없지만, 그렇다고 진실을 말한 것도 아니었다.

'내 짐작이 맞다면, 지금부터는 내가 이 일에 어떻게 관여할지가 문제로구나.'

9
야 옹

    응원 연습이 끝난 뒤 아프로디테는 기숙사로 가는 계단을 쿵쾅거리며 올라갔다. 너무 화가 나서 머리에서 김이 솟는 것 같았다. 조금 전에 아테나와 아무 것도 아닌 일로 크게 한바탕했기 때문이었다. 별스러울 것도 없는 평범한 응원 동작 하나가 원인이었다.
    아르테미스와 페르세포네가 둘을 진정시키려고 노력했지만 결국 응원 연습을 일찍 끝내야 했다. 아프로디테는 속이 울렁거렸다. 가장 친한 친구 중 하나와 싸우다니 기분이 너무 안 좋았다. 전에는 한 번도 이런 일이 없었다.
    '도대체 무슨 일이 벌어지고 있는 거지?'

아프로디테는 생각에 잠긴 채 방문을 열었다.

'요즘 들어 나 자신이 너무 낯설 때가 많아. 내가 정말로 불화와 다툼의 여신인 에리스의 영향을 받고 있는 걸까? 그럴 것 같진 않은데. 아! 예전에 판도라의 말썽 거품한테 공격당해서 잠시 성격이 바뀐 적이 있었지. 그 일이 다시 반복되고 있는 느낌이야. 하지만 그 상자는 학교에서 사라진지 한참 되었으니 말썽 거품 때문일 리는 없어. 이게 다 성적 경쟁 때문에 너무 스트레스를 받아서 그런 걸 거야.'

그러자 퍼뜩 아프로디테의 머리를 스치는 생각이 있었다.

'설마!'

아프로디테는 인상을 살짝 찌푸렸다.

'혹시 아테나가 일부러 내 기분을 상하게 한 게 아닐까? 내가 공부를 못하도록 말이야. 우리 둘 다 금요일 1교시 영웅학 시간에 시험을 쳐야 하잖아. 금요일이 경쟁 마지막 날이니 아테나로서는 당연히 가장 좋은 성적을 받고 싶겠지. 게다가 내가 공부에 집중하지 못해서 시험을 못 치면 아테나한테는 이득이잖아.'

아프로디테는 옷장을 열어서 뒤쪽 선반 위의 상자에 응원용 폼폼을 조심스럽게 담았다. 화만 펄펄 내며 방을 어지럽힐 수는 없으니까!

"야옹!"

아프로디테의 침대에서 낮잠을 자고 있던 아도니스가 눈을 뜨더니 아프로디테 앞으로 다가왔다.

"안녕, 우리 귀요미."

아프로디테는 아도니스에게 다정하게 말을 걸고서 책상 앞에 앉았다. 그러고는 영웅학 두루마리 교과서와 깃털 펜을 집어 들었다. 한 손으로 두루마리 교과서를 펼친 뒤, 아프로디테는 펜을 의자 옆으로 내려서 깃털을 살랑살랑 흔들었다. 아도니스는 하얀 앞발로 깃털을 톡톡 치며 신나게 장난에 열을 올렸다. 아프로디테는 그 모습이 귀여워서 까르르 웃음이 터졌다.

"아도니스, 많이 보고 싶었어."

아프로디테는 자장가를 부르듯이 나직하게 속삭였다. 진심이었다. 그도 그럴 것이 평소에는 누구한테나 붙임성 좋은 아도니스가 에리스는 너무나 싫어했다. 그런데 그 에리스가 하루걸러 아프로디테의 방에서 묵었기 때문에 아레스의 생일 파티 이후 페르세포네가 쭉 아도니스를 돌보고 있었다.

"오늘 밤 함께 자라고 페르세포네가 널 데려와 줘서 얼마나 고마운지 몰라."

아프로디테는 달콤하게 속삭이며 아도니스를 안아서 책상 위에 올려놓았다. 오늘 밤에는 에리스가 아테나의 방에서 잘 테니 아도니스와 함께 지내도 아무 문제가 없었다.

공부를 하려던 아프로디테는 무심결에 아도니스와 놀기 시작했다. 그러나 생각은 자꾸만 성적 경쟁으로 흘렀다. 승리를 얻기 위해서 그리고 에리스의 트로피를 갖기 위해서는 지금부터 금요일까지 아프로디테의 팀이 진짜, 정말로, 엄청나게 좋은 결과를 내야 했다. 지금은 겨우 몇 점 차이이긴 하지만 아테나의 팀이 앞서고 있었고, 그 때문에 아프로디테는 자꾸만 걱정이 들었다.

"아도니스, 나도 아테나처럼 스터디 그룹을 만들어야 할까?"

아도니스는 뒤로 발라당 드러누워 아프로디테에게 긁어 달라는 듯이 하얀 배를 드러내었다.

"하긴 이제 너무 늦었어. 겨우 이틀 밖에 안 남았잖아. 어쩌면 아이들이 오늘 내 격려 연설을 듣고 마음이 움직여서 남은 기간 동안 더 열심히 공부할지도 몰라, 그치?"

물론 아프로디테는 팀원들이 자신처럼 학교에 넘쳐흐르는 긴장감 때문에 스트레스에 시달리지 않기를 바랐다.

아프로디테는 한숨을 푹 쉬며 아도니스를 안아 들고는 아도니스가 낮잠을 잘 수 있게 여분의 침대에 데려다주었다. 그리고는 자신의 책상으로 돌아와서 다시 공부에 집중했다.

두 시간 뒤, 갑자기 방문이 휙 열렸다. 놀란 아프로디테가 고개를 들었더니 에리스가 노크도 없이 방 안으로 성큼성큼 들어오고 있었다.

"판도라랑 메두사가 사소한 말다툼을 했나봐. 그래서 오늘 밤에는 판도라가 아테나의 방으로 다시 돌아왔어."

에리스는 태연하게 말을 이었다.

"다시 말해 너랑 나랑 금요일까지 쭉 룸메이트로 지내야 한다는 거지. 네가 언짢게 여기지 않았으면 좋겠다."

에리스는 주위를 한 번 둘러보지도 않고 트로피가 든 가방을 아도니스가 있는 침대에 휙 던졌다.

아도니스는 에리스에게, 그리고 하마터면 아도니스 머리 위에 떨어질 뻔한 가방에 즉각 반응을 보였다. 겁먹은 고양이의 날카로운 울음소리가 방 안에 울려 퍼졌다.

"이야아아아옹!"

아도니스는 침대에서 아프로디테의 책상으로 훌쩍 뛰어 건너가더니 다시 선반으로 후다닥 기어올랐다. 그 바람에 선반에 놓여 있던 매니큐어 두 병이 아래로 떨어졌다.

"어머, 아도니스! 돌아왔구나!"

에리스가 아도니스를 잡으려고 손을 뻗었다.

"하아아아악!"

아도니스는 공격하려는 듯이 몸을 부풀리며 에리스가 손을 내릴 때까지 계속 앙탈을 부렸다. 그러더니 겁을 먹은 듯 몇 번이나 몸을 훌쩍훌쩍 날려서 아프로디테의 침대로 가서 이불 밑으로 기어들어 숨어 버렸다.

"아도니스, 왜 그렇게 겁을 먹는 거니! 진정해!"

아프로디테가 부드러운 목소리로 아도니스를 타일렀다. 그러고는 침대로 가서 봉긋하게 솟은 이불을 톡톡 두드리며 아도니스를 달랬다.

"뭐, 괜찮아. 하루 이틀도 아니고."

에리스는 아무렇지도 않은 듯 머리를 흔들어 보였지만 어쩐지 상처 받은 듯했다.

"난 동물들한테 나쁜 기운을 주거든."

이어 에리스는 더 나직한 목소리로 덧붙였다.

"사람들한테도. 그래도 코린트 학교에선 친구가 몇 명 있었어. 지붕 붕괴 사고가 벌어지기 전이지만."

에리스가 '사고'라는 말을 쓰자 아프로디테가 빙그레 웃었다.

"왜?"

에리스가 인상을 찌푸리며 물었다.

"아, 아무것도 아니야."

아프로디테는 다시 책상으로 가서 두루마리 교과서를 치웠다. 그러고는 고개를 돌리고서 에리스에게 말했다.

"내 친구들은 내가 '사고'란 말을 쓸 때마다 놀리거든. 내가 그 단어를 온갖 일에 다 붙이나봐. 파티에서 생긴 일부터 전쟁을 일으킨 일까지 말이야."

에리스의 입가에 살며시 미소가 떠올랐다. 에리스는 가방을 옆으로 밀고서 침대에 걸터앉았다. 그러자 가방에서 에리스의 이름이 커다랗게 쓰여 있는 파란색 두루마리 편지가 미끄러져 나와 바닥에 툭 떨어졌다. 아프로디테는 호기심이 일어서 두루마리를 쳐다보며 물었다.

"그게 뭐야? 혹시 널 짝사랑하는 남자애가 보낸 거니?"

아프로디테는 사랑의 여신이라서 언제나 사랑의 징조를 찾으려 했다. 하지만 이번에는 아프로디테도 자신이 완전히 잘못 짚은 건가 하는 생각이 들었다.

'말썽을 일으키고 싶어 하는 에리스의 본성을 고려했을 때 에리스에게 끌릴 만한 남자아이는 많지 않을 것 같아.'

그런데 놀랍게도 에리스는 아프로디테의 말에 얼굴을 살짝 붉혔다. 그러고는 이내 정색을 하고 딱 잘라 말했다.

"별 거 아냐. 네가 사랑의 여신이라고 해서 고개만 돌리면 사방에 사랑이 넘쳐날 거라 생각하지는 마!"

에리스는 두루마리 편지를 집어 가방 안에 다시 쑤셔 넣었다. 그러고는 트로피를 꺼내 열심히 광을 내기 시작했다.

트로피를 본 순간, 아프로디테는 트로피를 들어 보고 싶은 마음에 저도 모르게 손이 움찔움찔했다. 그런데 문득 어떤 장면이 아프로디테의 눈에 들어왔다.

'어머, 에리스도 저 트로피에 푹 빠져 있는 것 같아. 설마 마음이 바뀌어서 트로피를 상으로 주지 않는 건 아니겠지? 아마 아도니스한테 상처 받은 마음을 달래려고 손을 부지런히 놀리는 것뿐일 거야. 아무렇지도 않은 척했지만 사실은 속상했을 거야. 누구나 사랑 받기를 원하니까 말이야. 특히 아기나 반려동물이 자기를 잘 따르기를 바라지. 만약 아도니스가 에리스한테 하듯이 나를 대했다면 창피한 건 말할 것도 없고 정말 속상했을 거야.'

아프로디테는 문득 궁금해졌다.

'에리스로 살면 어떨까? 늘 불화와 다툼을 일으키면서 산다면……. 아무래도 불행할 것 같아. 아니, 불행을 넘어 비참할 것 같아. 게다가 자신이 비참한 삶을 살고 있다고 느끼는 이들은 곧잘 남에게도 불행을 끼치려 하잖아. 일종의 악순환 같아.'

아프로디테는 책상에서 일어나 침대 위에 다리를 포개고 앉았다. 그러고는 한 손으로 아도니스가 숨어 있는 봉긋 솟아오른 이불을 쓰다듬은 뒤 빨간색 하트 모양 베개를 집어서 품에 안았다.

"에리스, 오늘은 뭐했어?"

아프로디테는 에리스에게 좀 더 친절하게 대해서 아도니스의 거절에 대한 상처를 보상해 주고 싶었다. 최근 혼란스러운 상황을 겪느라 처음 의도했던 것처럼 아레스의 누나와 친해질 기회가 거의 없었기 때문이기도 했다. 아프로디테는 에리스와 자매처럼 지내고 싶다는 희망을 여전히 간직하고 있었다.

에리스는 대답 없이 열심히 트로피 위의 황금 사과만 문질러 댔다. 그러다 황금 사과가 햇불처럼 찬란한 빛을 발하자 이렇게 말했다.

"각 팀의 점수를 확인하는 일이 꽤 시간이 걸려. 아테나의 팀이 네 팀보다 몇 점 앞선다는 거 말했지?"

아프로디테는 베개를 더 꽉 끌어안으며 고개를 끄덕였다. 다시 걱정이 되기 시작했다.

'금요일 시험에 대비해서 모두 열심히 공부하고 있는 걸까?

기숙사를 돌면서 우리 팀 아이들이 시험 공부를 제대로 하고 있는지 불시에 확인이라도 할까?'

"자, 어때 보여?"

마침내 에리스가 반짝이는 트로피를 아프로디테 앞으로 내밀었다.

"정말 근사하지, 그치?"

아프로디테는 저도 모르게 베개를 툭 떨어뜨리고서 냉큼 손을 내밀었다. 트로피를 잡자마자 그것을 영원히 간직하고 싶다는 욕망이 새롭게 끓어올랐다. 아프로디테는 콧소리를 내며 말했다.

"상상할 수 없을 만큼 아름다워. 아, 반드시 내가 이겨야 하는데!"

아프로디테는 트로피에 새겨진 '가장 아름다운 자에게'라는 글귀를 손가락으로 쓰다듬으며, 미리 비워 둔 선반 위 한 자리를 꿈꾸는 듯한 눈으로 쳐다보았다.

'저 자리에 황금 사과 트로피를 놓고서 매일 아침 눈을 뜰 때마다 바라볼 거야. 아, 혹시 교장 선생님이 현관 로비의 학교 트로피 진열장에 두려고 하실까? 안 돼! 그럼 내가 만질 수가 없잖아. 그리고……'

"나 피곤해. 얼른 자자."

에리스가 트로피를 빼앗다시피 가져가자, 아프로디테는 감당할 수 없을 만큼 큰 상실감을 느꼈다.

에리스가 트로피를 가방에 넣으려고 몸을 숙인 순간, "찍!" 하는 소리가 들렸다. 에리스가 입고 있던 키톤 솔기가 터진 것이었다. 아프로디테가 아끼는 키톤 중 하나였는데 에리스가 입은 뒤로 솔기 터진 곳이 열 군데도 넘었다. 며칠 전 에리스가 그 키톤을 처음 입었을 때는 분명 에리스한테 길고 커 보였는데, 지금은 너무 꽉 끼고 길이도 짧아 보였다.

다음 순간, 아프로디테와 에리스의 눈길이 마주쳤다.

'어머, 에리스의 눈이 트로피보다 더 환하게 이글거리고 있어! 순식간에 키가 5센티는 더 커진 것 같아. 이게 아레스가 말했던 에리스의 능력일까? 불화의 힘을 느끼면 몸집이 커진다고 했잖아. 그렇다면 에리스가 나한테도 불화의 힘을 전하고 있는 걸까?'

다음 날 아침 아프로디테가 눈을 떴더니 아도니스가 머리맡에 앉아서 하얀 앞발을 싹싹 핥으며 몸단장을 하고 있었다. 아프로디테가 자기를 에리스로부터 보호해 주길 바라서 밤새 아프로디테의 침대에 머문 모양이었다.

"우리 귀여운 털북숭이, 안녕. 이제 이 트로피 전쟁에서 승리하기까지 딱 하루 남았단다."

아프로디테는 아도니스를 안고서 선반의 빈자리를 다시 빤히 쳐다보았다.

에리스는 이미 방을 나가고 없었다. 에리스가 사용한 침대는 엉망진창이었다. 이불은 침대 밖으로 반쯤 떨어져 있고, 베개와 쿠션이 사방으로 흩어져 있었다. 아프로디테는 아도니스의 모래 상자를 치우고, 복도 끝에 있는 세면대에 가서 아도니스의 물그릇에 신선한 물을 받아 온 다음, 밥그릇에 고양이 사료를 부었다. 그러고는 한숨을 푹 쉬며 에리스가 벌인 난장판을 정리하기 시작했다. 구겨진 키톤이 옷장과 바닥, 빈 책상 위에 잔뜩 흩어져 있고, 사용한 뒤 뚜껑을 닫지 않고 내팽개쳐 둔 화장품, 옆으로 쓰러져 내용물이 쏟아져 나온 매니큐어 병이 널려 있었다.

"우리 귀요미, 이따 보자."

30분 뒤, 아프로디테는 아도니스에게 달콤한 인사를 하고 손으로 입맞춤을 날린 뒤 아침식사를 하러 방을 나섰다.

"안녕, 아프로디테. 같이 가자!"

잠시 후 아프로디테가 대리석 계단을 내려가려는데, 뒤에서 아레스의 목소리가 들렸다. 아레스는 한 층 위의 남학생 기숙사에서부터 한 번에 두 계단씩 껑충껑충 뛰어 내려 왔다.

"에리스 누나의 트로피에 마법이 걸려 있는 게 맞아!"

아프로디테 곁에 도착하자마자 아레스는 그 말부터 꺼냈다.

"뭐?"

아프로디테는 코웃음을 쳤다.

"말도 안 돼. 네가 직접 들어보고 그냥 평범한 트로피라고 했잖아. 기억 안 나?"

아프로디테는 그런 어처구니없는 생각은 그만두라는 듯이 손을 흔들어 보이고서 다시 계단을 내려가기 시작했다.

"아냐, 내 말 들어봐."

아레스는 아프로디테와 나란히 걸으며 말을 이었다.

"마법이 걸려 있다는 것 말고는 해명할 길이 없어. 나한테 아무런 영향이 없었다는 건 사실이야. 그렇다면 너랑 아테나는 왜 그 트로피에 죽고 못 사는 거야?"

"죽고 못 산다고? 난 그렇게 생각하지 않는데?"

아프로디테는 아레스의 말이 은근히 마음에 걸렸지만, 금색 머리칼을 어깨 뒤로 휙 넘기면서 동시에 그 생각도 확 떨쳐 버렸다.

"어떻게 우리를 비난할 수가 있어? 그 황금 사과 트로피는 내가 본 것 중에 가장 경이로운 트로피인걸. 그 눈부신 반짝임이며, 어여쁜 황금 사과며. 그 트로피는 마법의 힘을 가진……."

아프로디테는 순간 혼란스러워져 말을 멈추었다. 자신의 입에서 지금 막 아레스가 트로피에 대해서 했던 말과 똑같은 말이 나오려 했기 때문이었다.

아레스가 아프로디테를 바라보며 씩 웃었다.

"내 말이 그 말이야. 내 생각에 트로피에 걸려 있는 마법은 여자한테만 통하는 것 같아. 그래서 트로피를 만진 여자, 즉 너랑 아테나가 마법의 힘에 빠져 드는거지."

아프로디테는 생각에 잠겼다.

'흐으으음. 아냐! 난 아레스의 말이 틀렸으면 좋겠어. 난 트로피를 내 것으로 만들고 싶어. 아레스가 그 계획을 망쳐선 안 돼.'

아프로디테가 마침내 입을 열었다.

"그럼 왜 에리스한테는 안 통해? 에리스는 늘 그 트로피를 만지고 있잖아."

아레스는 어깨를 들썩였다.

"그건 나도 잘 모르겠어."

아프로디테는 아레스의 말을 들으며 전날 밤 기억을 떠올렸다.

'그러고 보니 트로피의 광을 낼 때, 에리스도 하염없이 트로피의 아름다움에 빠져들고 있는 것처럼 보였어. 그때는 아도니스한테 받은 상처를 달래려고 그러는 줄 알았지. 만약 트로피에 정말 마법이 걸려 있는 거라면, 에리스 역시 자신도 모르는 사이 분명 트로피의 영향을 받고 있는 거야.'

"흐으으음."

아프로디테는 아레스의 추리를 곱씹어 보고서 마침내 입을 열었다.

"네 생일 파티 때 헤라 님도 그 트로피를 만졌잖아. 우연히 그렇게 되긴 했지만 말이야. 근데 에리스는 나랑 아테나에게 했던 것과 달리 헤라 님한테는 트로피를 만져 보라고 말하지 않았어."

아프로디테는 다시 생각에 잠겼다.

'헤라 님도 트로피의 마법에 걸려든 걸까? 만약 그렇다면 그날 헤라 님이 했던 이상한 행동들이 납득이 돼.'

헤라가 학생들이 하는 게임에 굳이 끼겠다고 고집을 피웠던 일을 떠올리자 아프로디테는 마음이 불안해졌다.

'그날 헤라 님도 트로피를 갖기 위해 단단히 작정하신 것 같았어.'

"또 누가 만졌어?"

아레스가 물었다.

아프로디테는 천천히 고개를 가로저었다.

"네 생일 파티 때 페르세포네가 자기도 만져 봐도 되냐고 나한테 물었거든. 그런데 내가 머뭇거렸지. 그런 다음에 내가 다시 생각을 돌이킬 틈도 없이 에리스가 트로피를 가져가서 가방에 넣어 버렸어."

아프로디테는 아레스의 추리가 점점 더 타당하게 느껴졌다.

"그런데 에리스는 트로피의 마법에 빠뜨릴 대상으로 왜 나와 아테나를 노린 걸까?"

그 생각을 하자 아프로디테는 어리둥절하면서도 한편으로 기분이 조금 상했다.

"이건 내 생각인데, 내가 널 좋아하기 때문인 것 같아. 누나는 올림포스 학교에 못 다니는데 나는 다니니까 어떻게든 날 골탕 먹이고 싶었을 거야. 그리고 아테나는 제우스 교장 선생님의 딸이잖아. 누나는 교장 선생님을 존경하지만, 여태껏 자기를 초청하지 않은 것에 대해 화가 나는 건 어쩔 수 없었을 거야. 그렇다면 교장 선생님과 날 동시에 벌주는 데 너희 둘 사이에 갈등을 일으키는 것만큼 좋은 방법이 어디 있겠어?"

"네 말에 일리가 있는 것 같기도 해."

아프로디테는 머뭇머뭇 속내를 털어놓았다.

"얼마 동안 트로피를 만지지 않으면 그것에 집착하지 않게 된다는 거 솔직히 나도 희미하게 알아차리고 있었어. 정말 에리스가 트로피를 내 손에 쥐어 줄 때에는 트로피에 대한 열망이 엄청 강해지더라고."

아프로디테는 걸음을 멈추고 아레스를 똑바로 쳐다보았다.

"진짜 인정하기 싫은데, 네 생각이 맞는 것 같아!"

둘이 다시 계단을 내려가는 동안 아레스가 말을 꺼냈다.

"시간이 어느 정도 지나면 트로피에 걸린 마법의 힘이 점점 약해지기 때문에 다시 트로피를 만지게 해서 홀리는 거로구나."

"아테나랑 얘기를 해 봐야겠어."

아프로디테의 말에 아레스는 고개를 끄덕였다.

"그래. 헤라클레스도 이 이야기를 들어야 해. 어서 그 둘을 찾아보자."

아프로디테와 아레스는 서둘러 식당으로 갔다. 이윽고 도착한 식당에서 아레스가 문을 연 순간······.

철퍼덕!

누군가가 던진 암브로시아크림 파이가 아레스의 얼굴에 정통으로 명중했다!

학생 식당 안에 난리 법석이 나 있었다. 아이들이 아침거리와 각종 간식들을 이리저리 던지고 있었다.

아프로디테는 자신을 향해 날아오는 넥타르 통을 피해 얼른 머리를 숙였다. 넥타르 통이 그대로 식당 문에 부딪혀 터지는 바람에 사방에 넥타르가 튀었다. 다행히 아프로디테의 키톤은 젖지 않았지만, 아레스는 그렇게 운이 좋지 않았다. 아레스의 얼굴에서 흘러내린 파이가 튜닉 위로 뚝뚝 떨어졌다.

"이게 무슨……?"

버럭 고함을 지르던 아레스는 파이가 입으로 흘러 들어갔는지 입술을 싹싹 핥기 시작했다.

"음, 이거 꽤 맛있는데."

"음식 전쟁이야!"

헤라클레스가 소리치며 둘에게 달려왔다. 헤라클레스는 아레스의 팔에 빵이 한가득 담긴 바구니를 안겨 주었다.

"자, 너도 무기가 필요할 거야!"

헤라클레스가 식당 안의 소음을 의식한 듯 고래고래 소리를 질렀다.

"고마워!"

아레스도 목청을 높여 대답했다. 그러고는 곧바로 음식 전쟁에 뛰어들었다.

"아레스, 기다려!"

아프로디테가 소리쳤다.

"트로피는 어쩌고? 아테나랑 헤라클레스랑 이야기 나누기로 했잖아!"

그러나 이미 아레스는 소동에 휘말린 뒤였다.

아프로디테는 난장판 속에서 아르테미스를 발견했다. 아르테미스의 사냥개들은 바닥에 떨어진 음식을 신나게 주워 먹느라 식당 안의 누구보다 이 상황을 즐기는 중이었다.

'저 녀석들한테는 잘 됐네. 하지만 난 됐어.'

아프로디테는 머리 모양이나 키톤을 망가뜨리고 싶지 않았다. 해서 서둘러 아테나를 찾기 시작했다.

"아프로디테, 여기야!"

누군가가 소리쳤다.

'아, 페르세포네다!'

평소에 넷이 늘 즐겨 앉는 탁자 밑에 페르세포네와 아테나가 웅크리고 있었다.

아프로디테는 바닥에 떨어져 질척거리는 오트밀을 빙 둘러 가고, 날아오는 넥타르오니를 피해 고개를 휙 숙이며 겨우겨우

친구들이 있는 곳에 도착했다. 아프로디테는 서둘러 탁자 밑으로 들어가서 대혼란의 현장을 내다보았다.

"누가 먼저 시작했어?"

아프로디테가 묻자, 페르세포네가 대답했다.

"우리도 몰라."

이어 아테나가 설명을 덧붙였다.

"아마 쌓여 있던 긴장이 폭발했나봐. 문득 정신을 차려 보니까 모두 음식을 던지고 있었어."

"분명 에리스랑 관련이 있을 거야!"

아프로디테는 트로피의 마법과, 에리스가 왜 아테나와 아프로디테한테만 그걸 만지게 했는지에 대한 아레스의 추리를 전했다. 그리고 에리스가 어디를 가든 말썽이 일어나도록 영향을 미친다는 이야기도 전했다.

아프로디테의 이야기를 듣던 아테나의 두 눈이 점점 휘둥그레졌다.

"오, 신이시여! 그 추리가 맞는 거라면 여러 상황들의 설명이 가능해. 헤라클레스는 계속 내가 트로피에 집착한다고 했는데 난 지금까지 그 말을 믿지 않았거든."

"그래, 나도 그 트로피에 엄청 집착하고 있었어."

아프로디테는 솔직하게 털어놓았다.

"사실 지금도 그래. 트로피에 마법이 걸려 있다는 사실을 알고 있으면서도 여전히 그걸 갖고 싶어. 하지만 트로피를 다시 만지지 않으면 이런 느낌이 들지 않을 거야."

아테나는 고개를 끄덕였다.

"그래. 나도 조심할게."

그러더니 아테나가 곧바로 인상을 쓰며 덧붙였다.

"설마 너 일부러 그런 말 하는 거 아니지? 내가 트로피를 원하지 않게 만들고, 네가 차지하려고 말이야."

"뭐? 넌 친구인 날 의심하는 거야?"

대번에 아프로디테가 발끈하자, 보다 못한 페르세포네가 나섰다.

"얘들아, 그만둬! 너희가 지금 무슨 말을 하고 있는지 좀 들어봐. 너희 지금 제정신이 아니야. 마법 트로피에 완전 홀렸다고!"

"미안해."

아테나가 먼저 사과하자, 아프로디테도 고개를 주억거리며 말했다.

"나도 정말 미안해."

아프로디테는 아레스를 찾을 수 있을까 하는 마음에 살짝 밖을 내다보았다. 그러나 아레스 대신 에리스가 보였다. 에리스는 소동이 벌어지는 자리에서 가장 멀리 떨어진 식당 구석진 곳에서 트로피를 품에 안고 서 있었다. 에리스는 주위에서 일어난 혼란을 차분하게 바라보고 있었고, 심지어 꽤 행복해 보이기까지 했다.

아프로디테가 친구들에게 에리스 쪽을 가리켜 보이려는 순간, 화가 나서 얼굴이 시뻘게진 키클롭스 선생님이 식당 문을 휙 열고 안으로 들어섰다. 교실에서 영웅학 수업을 가르칠 때와는 완전히 달랐다.

"식당 아주머니께서 불러 왔나봐."

페르세포네는 한결 마음이 놓이는 모양이었다.

"다들 그만둬!"

키클롭스 선생님이 고함을 지르는 순간, 아레스가 에로스에게 암브로시아크림이 잔뜩 얹어진 도넛을 휙 하고 던졌다. 그런데 불행히도 덩치가 티탄만큼 큰 키클롭스 선생님이 에로스 바로 뒤에 서 있었다. 게다가 아레스는 도넛을 너무 높이 던지고 말았다.

타악!

암브로시아크림 도넛이 키클롭스 선생님의 외눈 바로 위 이

마 한가운데 명중했다. 크림이 키클롭스 선생님의 얼굴 위로 뚝뚝 흘러내렸다.

"그만두라니까아아아아!"

키클롭스 선생님이 엄청나게 큰 소리로 고함을 질렀다. 그러자 곧바로 날아다니던 음식이 사라졌다.

"죄송해요!"

갑작스레 찾아온 적막을 깨고 아레스가 얌전하게 말했다. 그러나 키클롭스 선생님은 그 말을 듣지 못했다.

"어느 녀석이 먼저 시작했어?"

키클롭스 선생님은 커다란 외눈으로 식당 안을 쭉 훑었다.

아무도 나서지 않자 에리스가 눈을 번득이며 슬며시 키클롭스 선생님 옆에 다가가서 뭐라고 속삭였다. 어느새 에리스의 키가 아레스보다 훨씬 더 커져 있었다!

"내 눈에만 그렇게 보이는 거니? 어째 에리스가 살도 찌고 키도 커진 것 같아."

페르세포네가 혼잣말하듯 묻자, 아프로디테도 다시금 에리스를 쳐다보았다.

'원래 저, 내가 아끼는, 키톤은 길이가 긴데 지금 에리스한테는 무릎까지 밖에 내려오지 않아. 통도 꽉 끼고.'

아테나가 에리스를 보더니 대답했다.

"내 눈에도 그런 것 같아. 우리가 수업 받는 동안 에리스는 매일 체육관에서 운동을 한 걸까? 그렇지만 키까지 커진 건 설명이 안 돼."

"저게 여신 에리스의 능력 중 하나래."

아프로디테가 얼른 설명을 이었다.

"아레스가 말해 줬어. 에리스는 '불화와 다툼의 여신'이라고. 그래서 말썽을 일으켜서 얻은 전율이 힘의 원천이 된대."

그러자 페르세포네가 대답했다.

"아, 나도 에리스가 어떤 여신인지는 들었어. 하지만 정말로 말썽을 부리는 걸로 힘을 키우는 줄은 몰랐네. 그럼 에리스는 이 난리 법석이 정말로 마음에 들겠다. 식당이 아주 폐허가 됐어!"

아테나가 아프로디테를 멋쩍은 듯 쳐다보며 조심스럽게 말을 꺼냈다.

"하마터면 우리 우정도 폐허로 만들 뻔했지."

"하지만 그러지 못했잖아."

아프로디테가 생긋 웃더니 주먹을 하늘로 치켜들며 즉석에서 만든 구호를 외쳤다.

"트로피에 대한 집념, 물러가라! 물러가라!"

아테나와 페르세포네가 까르르 웃음을 터뜨리자 아프로디테는 두 친구에게 새끼손가락을 내밀었다.

"우리는 영원한 친구지?"

아테나와 페르세포네도 새끼손가락을 내밀고서 아프로디테의 손가락을 꼭 감쌌다.

"그래! 새끼손가락 걸고 맹세해!"

셋이 굳게 다짐하는데 갑자기 키클롭스 선생님이 아이들 이름을 부르기 시작했다.

"아프로디테! 아레스! 아테나! 헤라클레스! 너희 넷은 당장 교장실로 가!"

'응? 이건 또 무슨 일이지?'

아프로디테와 아테나, 페르세포네는 깜짝 놀라서 새끼 손가락을 풀었다. 아프로디테는 얼른 에리스를 찾아보았지만, 에리스의 모습은 보이지 않았다.

"아까 에리스가 키클롭스 선생님한테 귓속말을 하더라고. 아마 우리가 이 싸움의 주동자라고 말했나 봐!"

아프로디테의 추측에 아테나는 한숨을 푹 쉬었다.

"어휴, 잘 됐네. 잘 됐어."

아레스와 헤라클레스가 식당을 가로질러 문으로 가자, 아테나와 아프로디테도 고분고분 탁자 밑에서 기어 나와서 두 소년 곁으로 갔다. 아프로디테는 에리스가 자신을 배신했다는 생각에 마음의 상처를 입고 화도 부글부글 끓었다.

'자매처럼 지내고 싶었는데. 방도 내어 주고, 옷도 빌려주고, 내 화장품도 마음대로 쓰게 했는데. 심지어 자기 뒤치다꺼리까지 다 했는데! 그런데 어떻게 이런 식으로 되갚을 수 있어? 날 말썽에 휘말리게 만들다니! 아으으윽!'

아프로디테, 아테나, 아레스, 헤라클레스가 문 앞에서 차마 나가지 못하고 어정거리자 키클롭스 선생님이 불호령을 내렸다.

"어서 가! 지금 당장!"

"너무 걱정하지 마."

마침내 교장실로 걸음을 옮기며 아레스가 아프로디테에게 말했다.

"교장 선생님께 이 난리를 일으킨 진짜 장본인은 에리스 누나라는 걸 잘 말씀드리면 돼. 그리고 성적 경쟁도 여기서 멈춰 달라고 해야지."

"부디 그래야 할 텐데."

대답을 하면서도 아프로디테는 솔직히 그게 가능할지 의심스러웠다.

'만약 성적이 올라서 기쁜 나머지 에리스 편을 드시면 어떻게 하지? 성적 경쟁에 대한 긴장감 때문에 이런 어처구니없는 '음식 전쟁'이 일어난 거라고 교장 선생님을 설득하지 못한다면? 어쩌면 경쟁 기간을 늘리려고 하실 지도 몰라. 아예 에리스를 우리 학교에 입학시키기로 하고 말이야!'

10
불평불만

 아레스를 비롯한 네 아이들이 행정실 문을 열고 들어서자 히드라 선생님의 아홉 머리가 모두 고개를 들었다.
 아레스가 먼저 말을 꺼냈다.
 "키클롭스 선생님께서 교장실에 가 보라고 하셔서……."
 "아, 음식 전쟁?"
 소문을 좋아하는 분홍 머리 선생님이 아레스의 말을 자르고 끼어들었다.
 "그래, 얘기 들었어. 키클롭스 선생님이 얼굴에 정통으로 넥타르젤리 도넛을 맞았다는 게 사실이니?"
 "음, 실은 암브로시아크림 도넛이었어요."

아레스는 대답하고서 속으로 중얼거렸다.

'아니, 히드라 선생님은 어떻게 소식을 들은 거지? 게다가 이렇게나 빨리.'

아레스는 아프로디테, 아테나, 헤라클레스가 기가 막힌다는 눈으로 자신을 빤히 쳐다보고 있다는 걸 알아차렸다.

'아차, 자백을 한 셈이나 다름없게 되었네. 그걸 던진 범인이나 도넛 종류를 정확히 알고 있을 거 아냐.'

"하여간 문제아들이야."

까칠한 초록 머리 선생님이 툴툴거리자, 동정심 많은 파란 머리 선생님이 혀를 쯧쯧 차며 말했다.

"부디 너무 큰 벌을 받거나 퇴학당하지 않기를 바랄게."

'퇴학?'

아레스의 눈에 아프로디테와 아테나가 기겁해서 서로를 바라보는 모습이 들어왔다. 아레스도 퇴학이라는 말을 듣자 깜짝 놀라지 않을 수 없었다.

'교장 선생님이 어떻게 나오실지 전혀 짐작할 수가 없어. 우리를 이해하고 도와주려 하실까 아니면 화가 나서 번갯불로 벌을 내리려 하실까?'

일을 가장 잘하는 회색 머리 선생님이 책상 너머에서 방문자

명단을 내밀었다.

"여기에 이름을 쓰렴. 교장 선생님께서는 지금 누굴 만나고 계셔. 하지만 금방 끝날 거니까……."

바로 그때 교장실 문이 쾅 하고 열렸다. 문이 어찌나 세게 열렸는지 경첩 하나가 바로 뜯겨 나갔다. 사실 제우스가 늘 자신의 힘을 과소평가하기 때문에 자주 발생하는 일이기는 했다. 특히 제우스의 기분이 나쁜 날, 예를 들어 바로 지금 같은 때에는 문이 남아나질 않았다. 제우스는 두 눈썹이 모이다 못해 붙을 정도로 인상을 확 구기고 있었다. 근육이 불거진 몸에서 전기 불꽃이 파지직 파지직 튀었다.

제우스가 덜렁거리는 문 옆에 서 있는 틈에 교장실 안에서 파마가 후다닥 걸어 나왔다.

아레스는 그제야 상황을 짐작할 수 있었다.

'아하, 교장 선생님 기분이 왜 안 좋으신지 알겠네. 우리가 키클롭스 선생님의 명을 받고 식당에서 나오자마자 파마가 주황색 날개를 파닥이며 교장실로 쌩 날아왔던 거야. 그러고는 교장 선생님과 히드라 선생님께 음식 전쟁에 대해서 알린 거로군.'

파마는 늘 누구보다 먼저 소식을 퍼트리고 싶어 안달했다. 문제는 그 과정에서 종종 사실을 엉뚱하게 전한다는 점이었다. 예를 들어 키클롭스 선생님이 어떤 도넛에 맞았는가 하는 사실 말이다.

'교장 선생님한테 또 뭘 이상하게 전했을지 걱정이네.'

물론 영웅학 선생님한테 명중한 도넛이 크림 도넛인지 젤리 도넛인지는 큰 차이가 없었다. 만약 제우스가 음식 전쟁을 불러일으킨 장본인을 벌주기로 작정했다면 도넛이 무엇이었든지 간에 벌은 내려질 터였다. 아레스와 헤라클레스는 범인이 아니었지만 어쨌거나 그 사건에 휘말렸으니 빠져나갈 방법이 없었다. 아레스는 최악의 사태를 마주할 각오를 했다.

파마는 교장실 앞에 선 네 친구를 보더니 주황색 립글로스를 바른 입술을 지그시 깨물며 걱정스러운 표정을 지었다. 그러더니 입 모양으로 '행운을 빌어.'라고 말하고서 얼른 자리를 떴다.

"너희 넷! 들어와!"

제우스가 아레스와 친구들을 이글거리는 눈으로 바라보며 소리를 질렀다. 행정실에 있던 모든 이들이 제우스의 손끝에서 뿜어져 나오는 불꽃을 피해 몸을 휙 숙였다.

파지지지직!

불꽃 하나가 히드라 선생님 책상 너머의 벽에 튀었지만 다행히 금방 꺼져 버렸다. 히드라 선생님은 이런 일에 너무 익숙해서 그쪽은 아예 쳐다보지도 않았다.

아레스가 앞장을 섰고 나머지 아이들도 차례로 최후의 심판을 향해 걸음을 옮겼다. 뒤에서 히드라 선생님이 교장실 문을 고치려고 학교 관리인을 호출하는 소리가 들렸다. 그런 일이 너무 자주 발생하다 보니 아마 비품 창고에 경첩이 엄청나게 준비되어 있을 듯했다.

늘 그렇듯이 교장실 안은 엉망진창이었다. 교장실 한가운데에 제우스가 운동용으로 즐겨 쓰는 서류 캐비닛이 옆으로 툭 쓰러져 있었다. 아이들은 교장실 안쪽에 있는 제우스의 거대한 책상 쪽으로 가기 위해 캐비닛을 끼고 빙글 돌아갔다. 아레스는 하마터면 찌그러진 제우스 주스 캔이며 번개 크런치 시리얼 상자에 발이 걸려 넘어질 뻔했다. 드디어 도착한 제우스의 책상 앞에는 아이들이 앉을 수 있는 의자가 주르륵 마련되어 있었다.

"앉아!"

아이들이 쭈뼛쭈뼛 서 있자 제우스가 버럭 소리를 질렀다.

아레스는 오라클 반사 쿠키 껍질을 몇 개나 치우고, 올림포스 폴리 게임 뚜껑을 치우고서 아프로디테와 헤라클레스 사이의 파란색 의자에 앉았다. 교장실 안의 모든 의자가 다 그렇듯 아레스의 의자에도 그을린 자국이 가득했다.

'흠, 이 의자가 그을릴 때마다 얼마나 많은 학생들이 앉아 있었을까? 으, 별로 생각하고 싶지 않아.'

제우스가 책상 뒤로 가더니 커다란 황금 왕좌에 자리를 잡고 앉았다. 아레스는 문득 그 왕좌 뒤에 걸려 있는 커다란 그림에 눈이 갔다. 흰색, 파란색, 갈색이 어우러진 추상화였다.

'아, 잠깐. 저건 추상화가 아냐.'

아레스는 그림을 좀 더 자세히 바라보았다.

'추상화가 아니라 어떤 사물을 아주 형편없이 그려 놓은 건데, 저게 뭐지? 어……. 구름? 암브로시아 국물?'

아레스도 그림을 잘 그리는 편은 아니었지만, 그 그림은 다섯 살짜리 꼬마가 손가락에 물감을 찍어서 그린 것처럼 보였다. 아레스가 옆을 힐끗 보니 다른 아이들도 그 그림을 빤히 쳐다보고 있었다.

"마음에 드느냐?"

아이들의 시선이 향한 곳을 확인하더니 제우스가 얼굴이 환해져서 물었다. 그러고는 엄지손가락으로 그림을 척 가리키며 말을 이었다.

"내가 직접 그렸지. 요즘 부쩍 긴장이 되서 말이야. 창의적인 활동을 하면서 풀었단다."

아프로디테가 고개를 주억거리며 대답했다.

"좋은 생각이세요, 교장 선생님. 대상을 아주 잘 포착해서 그리셨네요."

그러자 아테나가 얼른 덧붙였다.

"아빠, 나도 그렇게 생각해요. 잘 그리셨어요."

그런데 아레스의 생각은 다른 곳으로 흐르고 있었다.

'혹시 누나가 여기 머무는 게 교장 선생님의 긴장을 불러일으키는 걸까?'

하지만 아레스는 굳이 물어보지 않기로 했다. 대신 아레스도, 그림 이야기를 꺼냈다.

"맞아요. 선이 아주······, 음······, 그림을 가로질러 질주하고 있네요."

"제 말이 그 말이에요."

헤라클레스까지 거들자, 제우스는 두 팔을 쫙 펼치고 두 소년을 흐뭇하게 바라보며 말했다.

"내가 표현하고자 한 게 바로 그거야! 하늘을 질주하는 페가수스!"

아레스는 깜짝 놀란 표정을 짓지 않으려고 무진장 애를 썼다.

'페가수스라고? 교장 선생님이 타고 다니는 그 천마 말이야?

"저 그림이 페가수스라고?"

아이들의 생각을 아는지 마는지 제우스가 그림을 가리키며 말했다.

"보이지? 페가수스가 올림포스 학교 지붕 위를 날고 있잖아."

아레스는 냉큼 대답했다.

"예, 그럼요. 정말 천재적이세요."

다른 아이들도 연이어 칭찬을 늘어놓았다.

"고맙다."

제우스가 점잖게 대답했다. 그러나 다음 순간 바로 이마에 주름이 쫙 갔다. 아이들이 이곳에 온 이유가 떠오른 듯했다. 제우스는 계간지 《위대한 교장》을 비롯한 두루마리 잡지를 옆으로 휙 밀더니 책상 위에 쌓여 있는 파피루스 더미에서 한 장을 뽑아 들었다.

"아! 여기 있군."

촤!

제우스는 손짓 한 번으로 두루마리를 쫙 펴더니 아이들 앞에 내밀었다.

"이걸 봐라."

두루마리에는 지금까지의 경쟁 결과를 보여 주는 막대그래프들이 그려져 있었다.

'저 그래프랑 음식 전쟁이랑 무슨 상관이지?'

아레스는 어리둥절했다.

'물론 아이들이 음식 전쟁을 벌인 거랑 성적 경쟁이랑 관련이 있기는 하지만, 교장 선생님은 그 사실을 모르실 텐데.'

"이 그래프는 성적 경쟁 기간 동안의 팀 별 총점을 나타내고 있다."

제우스가 빨간색으로 칠해진 막대기를 가리키며 말을 이었다.

"빨간색이 티니의 팀이야."

제우스는 아테나를 티니라는 애칭으로 불렀다. 이어 그 옆에 있는 빨간 막대기보다 아주 조금 짧은 파란색 막대기를 가리켰다.

"파란색이 아프로디테의 팀이고."

그러자 아테나가 옆에 놓인 또 다른 두루마리를 가리키며 물었다.

"이 두루마리에 그려진 초록색 막대기 두 개는 뭐예요?"

초록색 막대기의 높이는 조금 전 빨간색·파란색 막대기의 절반 정도 밖에 되지 않았다.

제우스가 호기롭게 대답했다.

"이건 지난 두 주간 시험 결과를 바탕으로 산출했을 때, 에리스가 여기 오지 않았다면 우리 학교 학생들이 받았을 예상 성적이야. 각각의 그래프들을 비교해 보면 현재 평균 점수가 전반적으로 50퍼센트 이상 상승했다는 걸 알 수 있지."

헤라클레스가 휘잇 하고 휘파람을 낮게 불었다.

"우아, 엄청나네요!"

"대단해요."

아테나와 아프로디테가 동시에 외쳤다.

"그러네요."

아레스도 열심히 고개를 끄덕이며 맞장단을 쳤지만, 실은 가슴 속에 돌덩이가 턱 내려앉는 것 같았다.

'이렇게 되면 누나가 그토록 바라는 올림포스 학교 입학이 한층 더 현실로 다가오게 되잖아.'

제우스가 펼쳐 놓았던 두루마리들을 더미 위에 다시 올려놓더니 한마디 했다.

"대단하다고? 이건 상상초월이지!"

그러나 곧바로 제우스의 얼굴에 먹구름이 꼈다. 제우스가 주먹으로 책상을 탕 내리치며 말했다.

"난 이 결과를 무너뜨리는 일은 어떤 것도 용납하지 않는다."

아레스는 용기를 내어 말을 꺼냈다.

"식당에서 벌어진 소동을 말씀하시는 거라면, 저희가 일으킨 일이 아니……."

헤라클레스가 얼른 끼어들었다.

"맞아요. 그러니까, 아레스가 도넛을 던지기는 했지만 그건 에로스를 노린 거지 절대로……."

헤라클레스가 아차 싶은지 말을 멈추고 어쩔 줄 몰라 했다. 그러자 아테나가 얼른 나섰다.

"사실 이 일은 에리스가 벌인 거예요."

아테나의 말이 끝나기가 무섭게 아프로디테가 설명을 덧붙였다.

"맞아요. 에리스는……."

쾅!

제우스가 망치처럼 단단하고 커다란 주먹으로 조금 전 보다 더 세게 책상을 내리쳤다. 책상 위에 있던 두루마리들이 튀어 오르고, 네 아이도 앉은 자리에서 풀쩍 뛰었다.

"음식 전쟁 이야기는 그만!"

제우스가 버럭 고함을 질렀다.

"파마한테 이미 다 들었다. 너희 넷이 식당에 들어서기 전에 이미 전쟁이 벌어져 있었다며. 누가 먼저 시작했는지 알 방법이 없다는 것도 다 들었어."

제우스는 말을 멈추고서 아이들을 주의 깊게 쳐다보았다.

"내가 키클롭스 선생님을 통해서 너희를 여기 데려온 이유는 다른 데 있다. 금요일에 경쟁이 최종적으로 끝날 때까지 더 이상 어떤 말썽도 일어나지 않게 막아 달라고 부탁하기 위해서야."

'엉?'

아레스는 놀라서 친구들을 쳐다보았다. 표정을 보니 친구들도 혼란스러운 모양이었다.

자주 있는 일이지만, 이번에도 제우스의 기분이 번개처럼 휙 변했다.

"에리스 말이 나왔으니 말이다."

제우스가 아레스에게 눈길을 돌렸다.

"이번 학생들의 성적을 올리는 일에 있어서 네 누나는 우리 학교에 굴러 들어온 복덩어리나 다름없었다."

제우스는 눈을 반짝반짝 빛내며 덧붙였다.

"학생들의 성적을 책임지고 관리하는 입장에서 난 네 누나한테 큰 신세를 졌어."

제우스는 손으로 계간지 《위대한 교장》 표지를 탁탁 두드리며 잠시 생각에 빠져 들었다. 불꽃이 사방으로 파팍 튀었다. 아프로디테가 살며시 몸을 앞으로 숙이면서 바닥에 떨어진 불꽃을 밟아 껐다. 다행히 나머지 불꽃은 허공에 튀어 오르면서 거의 바로 사그라져 버렸다.

제우스가 서랍에서 제우스 주스를 꺼내더니 뚜껑을 탁 하고 열었다.

"계간지 《위대한 교장》의 편집진이 두 달 뒤에 '올해 최고의 교장'을 뽑을 거거든. 이렇게 전교생의 성적이 크게 향상된 걸 알면 내 이름이 후보 명단 중 맨 윗자리를 차지하는 데 큰 도움이 될 거야."

제우스는 흐뭇한 표정으로 주스를 꿀꺽 하고 한입 크게 들이마셨다.

'아하!'

순간 아레스는 깨달았다.

'교장 선생님이 지난 두 주 동안 왜 에리스 누나를 여기에 머물게 했는지 알겠어. 누나가 학생들 사이에서 온갖 말썽을 일으키는데도 말이야. 개인적인 이유가 있으셨던 거지. 진작 눈치를 챘어야 하는데. 그런데 교장 선생님은 앞으로 남은 기간 동안 일어날 사고들을 정말 우리 넷이서 막아 낼 수 있을 거라 생각하시는 걸까? 게다가 잡지 편집진은 최종 선택 회의를 두 달 뒤에 한다며. 그렇다면 설마……?'

아레스의 의문에 대답하기라도 하듯 제우스가 다시 입을 열었다.

"그래서 오늘 아침 식사 전에 일찌감치 에리스와 만나서 경쟁 기간을 늘리기로 결정했다고 알려 주었다. 내일 금요일에 끝내지 않고 두 달 더 연장할 거야. 아니 어쩌면 더 늘릴 수도 있고. 아예 에리스를 우리 학교에 초청할까 싶구나."

제우스가 다시 주스를 벌컥 들이마셨다. 아레스는 머릿속에서 생각이 뚝 하고 멈추는 소리가 들리는 것 같더니 자기도 모르게 자리에서 벌떡 일어났다.

"안 돼요! 에리스 누나를 그렇게까지 오랫동안 머물게 할 수는 없어요. 누나는 돌아가야만 해요!"

제우스는 아레스의 반응에 놀라서 주스를 뿜었다. 제우스의 얼굴에 분노가 차오르기 시작했다.

'오, 이런.'

아레스는 기가 꺾여서 의자에 다시 주저앉았다.

'신들의 제왕이자 하늘을 다스리는 자에게 함부로 이래라 저 래라 할 수는 없는 일이지. 적어도 어느 쪽이 나한테 나은지 구분할 줄 안다면 말이야.'

"왜 에리스를 돌려보내야 한다는 거냐?"

제우스가 다그쳐 물었다. 동시에 아테나가 자리에서 벌떡 일어나 교장실 밖으로 뛰쳐나가더니 곧 히드라 선생님한테 받은 걸레를 들고 돌아왔다.

"에리스 누나는 꺼지지 않는 불화의 불씨니까요."

아테나가 책상에서 뚝뚝 떨어지고 있는 주스를 닦는 사이, 아레스는 자기 생각을 털어놓았다.

"누나의 존재만으로 식당에서 음식 전쟁이 벌어졌잖아요!"

아레스는 세 친구들의 도움을 받으며 최근 학생들 사이에 악감정이 쌓이면서 계속 싸움이 번지고 있다는 사실을 알렸다.

주스를 닦은 뒤 아테나도 설명을 덧붙였다.

"상대팀 아이하고만 싸우는 게 아니에요. 같은 팀 안에서도 말다툼이 끊이지 않아요."

제우스는 인상을 찌푸리며 책상 위에 발을 올리더니 의자에 푹 기대어 앉았다. 그러고는 깍지 낀 두 손을 가슴팍에 대고서 깊은 생각에 빠져 들었다.

"지난 며칠 동안 선생님들이 이런저런 불만을 표시했지."

제우스가 차분히 말을 꺼냈다.

"실은 트라이애슬론 선생님이 어젯밤에 날 찾아왔단다. 성적 경쟁이 순수한 운동 시간에까지 영향을 미친다며 우려하더구나."

제우스는 마음이 불편한지 책상 위에 올린 발을 꼼지락거렸다.

"뮤즈 우라니아 선생님도 학생들이 부정행위를 하는 것 같다며 걱정했어. 최근에 본 과학 시험 답안이 책상 서랍에서 없어졌다고 하더군."

제우스는 의자 팔걸이에 몸을 기대며 말을 이었다.

"뮤즈 우라니아 선생님한테 혹시 답안을 다른 곳에 두었을지도 모르니 교실 안을 찾아보라고 부탁했는데 어찌 되었는지 아직 결과 보고를 받지 못했어. 하지만 너희가 여기 오기 직전에 들려온 소문에 따르면 답안을 훔쳤을 만한 용의자가 두어 명 있다더군."

'뭐, 그 소문은 보나마나 파마한테서 나왔겠지.'

아레스가 속으로 중얼거리는데, 옆에 있던 아테나가 불쑥 말을 뱉었다.

"용의자요? 마카이와 퀴도이모스를 말씀하시는 거예요?"

아테나는 얼른 두 손을 입으로 틀어막았다. 아레스가 보기에도 아테나가 일부러 둘의 이름을 흘린 것 같지는 않았다. 어쨌거나 마카이와 퀴도이모스는 아테나의 팀이니까. 그렇다고 아테나가 둘의 부정행위를 용납할 리도 없었다.

쿵!

제우스가 두 발을 다시 바닥에 내려놓더니 아테나 앞에 고개를 들이밀고서 "오호라." 하는 표정을 지었다.

"범인이 누구인가에 대해서 너도 소문에 나온 인물을 떠올리는 것 같구나."

제우스는 책상에서 파피루스 한 장을 집어 든 뒤 뭔가를 쓰더니 두 번 접어서 아테나에게 내밀었다.

"티니, 이걸 히드라 선생님께 전해다오. 나머지는 히드라 선생님이 알아서 하실 거다."

아테나는 재깍 자리에서 일어나 메모를 받았다. 아레스와 아프로디테, 헤라클레스는 교장실을 나서는 아테나를 걱정스럽게 지켜보았지만, 아테나는 예상 외로 금방 다시 돌아왔다.

아레스는 파피루스에 어떤 내용이 적혀 있었을지 궁금했다. 그래도 뭔가 마카이와 퀴도이모스와 관련이 있을 거라는 점은 짐작할 수 있었다.

"교장 선생님께서 아셔야 할 일이 한 가지 더 있어요."

아프로디테가 불쑥 말을 뱉자, 제우스는 파란 두 눈으로 아프로디테를 꿰뚫을 듯이 쳐다보았다.

"그래? 말해 보렴."

이제 제우스는 자리에서 일어나 책상 뒤를 서성이기 시작했다. 나쁜 소식을 가만히 앉아서 듣고 있을 수 없는 듯했다.

"에리스가 어떤 특별한 트로피를 가지고 있어요. 아무래도 그 트로피에 마법이 걸려 있는 것 같아요."

아프로디테가 말을 꺼내자, 헤라클레스도 거들었다.

"그런데 그 마법이 여자아이들한테만 통하는 것 같아요."

아프로디테가 서둘러 설명을 더했다.

"여자라면 아이뿐만 아니라 어른한테도 다 영향을 미쳐요. 심지어 헤라 님한테도요. 헤라 님이 아레스의 생일 파티 때 계속 남아서 진실 혹은 대담 게임을 하려고 했던 거 기억나세요?"

"트로피가 있다고?"

제우스가 놀라서 되묻자, 아테나가 대답했다.

"에리스가 들고 다니는 검은색 가방 안에 있어요."

"아, 그 가방 말이로구나."

아레스는 에리스가 제우스한테 트로피를 보여 준 적이 없음을 알아차렸다. 헤라는 트로피를 보았음에도 제우스에게는 말하지 않은 듯했다.

"트로피의 힘에 홀려서 도무지 저항할 수가 없어요. 매 번 만질 때마다 트로피에 대한 집착이 커져요."

아프로디테는 트로피를 생각만 해도 집착하게 되는지 몸을 꼼지락거렸다.

"저도요."

아테나도 솔직하게 인정했다.

이야기를 듣고 있던 제우스의 얼굴에 낯선 표정이 스쳐 지나갔다.

"흐으으음."

제우스가 우뚝 멈춰서더니 입을 열었다.

"어쩐지 요즘 헤라가 자꾸 에리스를 저녁 식사에 초대하자면서 에리스더러 올 때 꼭 그 검은색 가방을 가지고 오게 하더라니. 이제야 그 이유를 알겠구나."

"그래서 에리스를 초대하셨어요?"

아테나가 물었다.

"아니."

아테나는 물러서지 않고 계속 질문을 던졌다.

"왜요?"

제우스가 손가락으로 튜닉의 뒷목둘레를 거는 시늉을 하며 답했다.

"어이쿠, 티니의 질문 공세에 걸려들었군. 에리스와 한자리에 있다가 혹시 헤라와 싸우게 될까봐 걱정이 돼서 말이다. 너도 알다시피 에리스는 주변에 그런 영향을 미치거든."

아레스, 아프로디테, 아테나, 헤라클레스는 잠시 할 말을 잃고 제우스를 빤히 쳐다보았다.

"저희 말이 바로 그 말이에요!"

아레스가 목청을 높였다.

"맞아요!"

헤라클레스에 이어 아프로디테도 나섰다.

"지금까지 우리가 하려던 말이 바로 그거라고요!"

아테나는 말 대신 열심히 고개를 끄덕여 보였다.

"교장 선생님, 이 성적 경쟁을 끝내고 누나를 집으로 돌려보내지 않으시겠어요?"

아레스가 간절한 희망을 담고서 물었다.

"그건 곤란해. 처음에 에리스한테 약속을 했거든. 성적 경쟁으로 학생들 평균 점수가 20퍼센트 이상 오르면 올림포스 학교에 다닐 수 있게 해 주겠다고 말이다. 그런데 지금까지의 결과는 내 기대를 훨씬 뛰어넘었어."

제우스의 대답을 듣더니 헤라클레스가 한마디를 했다.

"좋은 성적을 받기 위해 적어도 두 명은 부정행위를 저질렀는데, 그래도 상관없으세요?"

"녀석들은 그런 남부끄러운 행동을 저지른 것에 대한 대가를 치르게 될 거다. 그런데……."

제우스는 말을 하다 말고 계간지 《위대한 교장》을 아쉬운 듯이 내려다보았다.

그 모습을 본 아레스는 짚이는 바가 있었다.

'에리스 누나를 집으로 돌려보냈다가 학생들 성적이 다시 곤두박질쳐서 '올해 최고의 교장'으로 뽑히지 못할까봐 걱정하시는 거로구나. 내 생각에는 누나의 말썽을 더 걱정하셔야 할 것 같은데. 하지만 교장 선생님께서 초청을 취소하겠다고 하면 에리스 누나가 배신당했다면서 절대 가만히 있지 않을 거야. 설사 상대가 신들의 제왕이자 하늘을 다스리는 자라고 해도 말이야.

심지어 교장 선생님이 우려하는 대로 헤라 님과의 사이에 문제를 일으키려 할 수도 있어. 이러지도 못하고, 저러지도 못하고 진짜 고민되시겠네!'

드디어 결정을 내린 듯 제우스가 돌아서더니 아레스를 쳐다보았다.

"에리스는 네 누나다."

제우스의 말이 아주 교묘했다.

"그래서 네게 명하노니 네가 가서 에리스에게 최대한 빨리 성적 경쟁의 승자를 발표하게 해라. 그리고 에리스가 올림포스가 아닌 다른 학교에 다닐 수 있게 설득하도록."

아레스는 충격을 받아서 어안이 벙벙했다.

'지금 나한테 이 사태를 떠넘기시는 거야? 여차하면 누나가 복수심에 활활 불타오를 수도 있는데? 불화의 여신을 다루는 문제 앞에선 신들의 제왕이자 하늘을 다스리는 자조차 멈칫거리게 되는 건가?'

그 생각을 하자 아레스는 이상하게도 마음이 편해졌다. 자신이 겁쟁이 같다는 느낌이 한결 덜해졌기 때문이었다.

"에리스 누나는 제 말을 안 들어요."

아레스는 한 번은 버텨 보려 했다.

"그러니까……."
"에헴."
아테나가 짐짓 헛기침을 했다. 아레스가 슬쩍 쳐다보니 아테나와 아프로디테가 정신없이 목을 긋는 시늉을 하고 있었다. 제우스한테 맞서 봐야 좋을 게 없다는 뜻이었다. 아니나 다를까 제우스의 표정이 당장이라도 벼락을 칠 듯했다. 결국 아레스는 현명한 대답을 선택했다.
"저 스스로 누나를 설득할 방법을 찾아내야겠지요."
"그렇지! 바로 그런 자세야!"
제우스는 기분이 좋아졌는지 두 손을 싹싹 비비며 소리쳤다. 그러더니 네 아이를 서둘러 교장실 밖으로 몰아냈다.
"자, 이제 그만 가 보도록. 행운을 빈다. 이제부터 난 올해 최고의 교장으로 뽑힌 소감을 써야 해. 생각해 보니 성적 경쟁 결과가 어찌 되든 간에 난 여전히 수상 가능성이 있어. 학생들 성적이 중요하긴 하지만, 신들의 제왕이자 하늘을 다스리는 자한테 상을 주지 않겠다고 나설 자가 감히 누가 있겠느냔 말이다!"
친구들과 함께 교장실을 나서면서 아레스는 웅얼웅얼 한마디를 던졌다.
"적어도 '누군가'는 행복해서 다행이네."

행정실 밖으로 나오자 아프로디테가 아레스에게 물었다.
"에리스한테 뭐라고 말해서 경쟁을 끝내고 집으로 돌아가게 할 거야?"
아레스는 솔직하게 대답했다.
"나도 전혀 모르겠어."
아레스의 입장에서는 뭐든 좋으니 방법이 떠오르기를 바랄 뿐이었다.
'그리고 그 방법을 시도했을 때 누나의 분노를 어떻게든 막아 낼 수 있어야 할 텐데. 만약 막지 못한다면 이제부터는 기숙사에 있는 갑옷을 입고 다녀야 할 거야. 누나한테 꼬집히고도 살아남으려면 말이지!'

11 나무 우듬지

"네가 뭘 할 수 있을지 우리도 같이 생각해 볼게. 그런데 일단은 뭘 좀 먹자."

다 함께 복도를 터덜터덜 걸어가는 동안 아프로디테가 아레스에게 말했다.

"너희는 어떨지 모르겠는데 난 너무 배가 고파. 음식 전쟁 때문에 아침도 못 먹었잖아."

그러자 아테나가 대답했다.

"수업 들어가기 전에 식당에 먼저 들르자. 어차피 1교시는 거의 끝나 가잖아. 2교시 시작 전까지는 잠깐 시간이 있어."

아레스가 고개를 끄덕였다.

"좋은 생각이야. 나도 배가 고파서 말 한 마리를 통째로 삼키래도 삼킬 수 있을 것 같아."

아레스는 씩 웃으며 어설픈 농담을 덧붙였다.

"아, 물론 교장 선생님 그림에 있던 말은 사양하고."

헤라클레스가 배를 문지르며 대꾸했다.

"빨리 가자. 나도 배고파 죽을 것 같아."

식당 가까이 가자 천장에 붙어 있던 넥타르 컵케이크 찌꺼기가 갑자기 아프로디테 앞에 뚝 떨어지더니 바닥에 절퍼덕 흩어졌다. 아프로디테는 컵케이크 우박을 피하려다가 몸의 중심이 흔들리는 바람에 넘어지지 않으려고 팔을 버둥거렸다. 그러자 아레스가 얼른 아프로디테의 팔을 잡더니 쑥 들어 올려서 곤죽이 된 컵케이크 건너편에 내려 주었다.

"역시 나의 영웅이야."

아프로디테는 일부러 농담을 하면서 아레스를 향한 고마운 마음을 표했다. 그 뒤부터 식당으로 가는 내내 아프로디테는 언제 음식물 찌꺼기가 덮칠지 모른다는 불안감에 조심스럽게 천장을 살피며 걸었다.

아프로디테는 올림포스 학교 천장에 그려진 그림을 볼 때마다 늘 감동을 받았다. 신들의 영광스러운 업적들이 그려져 있는 여러 그림들이 천장 전체를 채우고 있었다. 그중에는 횃불과 창을 들고서 올림포스 산으로 몰려 온 거인들에 맞서 싸우는 제우스의 모습도 있고, 제우스가 네 마리 백마가 끄는 전차를 몰고 하늘을 가로지르면서 구름 사이로 번개를 던지고 있는 모습도 있었다.

아프로디테는 전차를 탄 제우스 그림을 보며 생각했다.

'화가가 누구인지 몰라도, 교장 선생님이 번개를 던지는 순간을 아주 생생하게 담아 냈어.'

아프로디테는 배시시 웃음이 났다.

'교장 선생님이 음식 전쟁에 참여한다면 엄청난 지원군이 되시겠는걸.'

아프로디테와 친구들이 식당으로 들어갔더니 개미핥기처럼 기다란 코를 가진 식당 아주머니가 청소를 하고 있었다. 아주머니는 기다란 코로 바닥에 굴러다니는 음식물 찌꺼기를 열심히 빨아들였다. 그런데 식당 아주머니 뒤에 웬 남학생 둘이 메스꺼움을 참느라 얼굴이 노랗게 뜬 채 대걸레로 바닥을 닦고 있었다. 바로 마카이와 퀴도이모스였다!

"아빠가 말씀하신 대가가 저건가 봐. 식당 대청소."

아테나가 아프로디테 귀에 대고 속삭였다.

아프로디테는 마카이와 퀴도이모스의 꼴을 보고 웃음이 터지려는 걸 억지로 참았다. 아프로디테가 방긋 웃으며 인사를 하자, 식당 아주머니는 이 녀석들은 내게 맡기라는 듯이 윙크로 답하고서 계속 청소를 이어갔다. 마카이와 퀴도이모스는 고개를 푹 숙인 채 바닥만 문질렀다. 이번 만큼은 둘 다 입이 열 개라도 할 말이 없는 모양이었다.

아프로디테와 친구들은 간식 코너로 가서 사과와 배, 암브로시아 머핀 등을 집어 들었다. 간식을 먹으며 식당을 나선 넷은 아도니스를 안고 있는 페르세포네와 마주쳤다.

"아, 잘됐다. 너희 돌아왔구나."

페르세포네가 이제 한시름 놓인다는 표정으로 말을 꺼냈다.

"자, 지금까지 있었던 일을 들려줄게. 음식 전쟁이 끝나자 키클롭스 선생님과 식당 아주머니들이 학생들을 모조리 밖으로 내보내서 지금 다 학교 뜰에 나가 있어. 난 아도니스를 데리러 몰래 들어온 참이야. 엄마가 일찍 데리러 온다고 전갈을 보냈거든. 오늘은 내가 아도니스를 돌볼 차례잖아. 그런데 교장 선생님이 너희 넷을 전부 퇴학시키려 했다는 게 사실이야?"

페르세포네는 숨도 쉬지 않고 말을 다다다 뱉었다.

"아냐!"

아프로디테가 고개를 흔들며 대답했다.

"아, 다행이야. 파마가 이번에도 엉뚱한 말을 전한 것뿐이로구나."

페르세포네는 앞장서서 현관으로 걸음을 놓았다.

"아, 왔구나!"

아프로디테 일행이 화강암 계단을 내려오는 모습을 보고 아르테미스가 반갑게 외쳤다. 아르테미스는 남자 친구 악테온과 함께 사냥개들을 데리고 공 던지기 놀이를 하고 있었다.

아르테미스, 악테온을 비롯한 몇몇 친구들이 서둘러 아프로디테 일행 쪽으로 달려왔다. 아이들이 주위를 둘러싸자, 아프로디테, 아테나, 아레스, 헤라클레스는 교장실에서 있었던 일을 얼른 들려주었다.

이야기를 듣고 나더니 하데스가 검고 긴 곱슬머리를 쓸어 넘기며 인상을 찌푸렸다.

"하아, 성적 경쟁이 드디어 끝난다니 정말 기쁘다. 그간 아이들 사이에 악감정이 너무 쌓여서……."

"아, 말이 나와서 말인데."

아레스가 얼른 끼어들었다.

"얘들아, 혹시 에리스 누나가 지금 어디에 있는지 알아?"

아이들 무리 속에 서 있던 메두사가 엄지손가락으로 뜰 옆을 가리켰다.

"아마 올리브 과수원 안에 있는 거 같아. 조금 전 에리스가 그쪽으로 가는 걸 내 뱀들이 알아차리고 쉿쉿거렸어."

아프로디테, 아레스, 아테나, 헤라클레스는 서로 눈길을 주고받았다. 아레스가 모여 있는 친구들에게 양해를 구했다.

"얘들아, 이따 다시 만나자. 우리는 에리스 누나랑 이야기 좀 해야 할 것 같아."

"아직 엄마가 안 오셨으니까 나도 같이 갈래."

페르세포네가 아도니스를 품에 꼭 안은 채 고집을 피웠다. 다른 고양이들과 달리 아도니스는 주변에 사람들이 많고 시끌벅적한 걸 좋아하고, 소란스러운 환경 속에서도 낮잠을 쿨쿨 잘 잤다.

잠시 후 아프로디테, 아레스, 아테나, 헤라클레스, 페르세포네는 올리브 과수원에서 에리스를 찾아냈다. 에리스는 벤치에 앉아 파란색 두루마리 편지를 곱씹어 읽고 있었다. 전날 밤 에리스의 가방에서 떨어졌던 바로 그 편지였다. 아이들이 다가가자 에리스가 고개를 들었다. 그러더니 얼른 편지를 다시 가방 안에 쑤셔 넣었다.

"어이, 동생. 듣자 하니 교장실에 불러 갔다며?"

에리스가 능글맞게 웃으며 말을 걸었다.

"어떻게 됐어?"

아마도 에리스는 아프로디테, 아레스, 아테나, 헤라클레스를 모함하려던 작전이 실패했다는 걸 모르는 듯했다.

아프로디테는 에리스가 던진 미끼를 아레스가 덥석 물지 않아서 속으로 안도의 한숨을 쉬었다. 아레스는 차분한 태도로 이렇게만 대답했다.

"잘됐어. 아, 맞다. 누나가 제안한 성적 경쟁 결과에 교장 선생님께서 무척 기뻐하시던걸?"

에리스의 얼굴에서 웃음기가 싹 가시더니 에리스가 자리에서 벌떡 일어났다. 동생의 말이 칭찬인지 교묘한 공격인지 구분되지 않는 모양이었다. 그런데 순간 사라져 버린 것은 웃음기만이 아니었다. 아프로디테는 불안해 하는 에리스의 키가 늘었다가 줄었다가 하는 걸 하늘에 맹세컨대 분명히 보았다.

에리스는 앞에 선 아이들을 공격적인 눈빛으로 훑어보다가 말을 뱉었다.

"너희 중 누구도 내가 이렇게 빨리 아이들 성적을 올릴 줄 몰랐을 거야."

"넌 왜 그런 생각을 하는 거니?"

아프로디테가 발끈해서 되묻자, 아레스가 곧바로 사태 진정에 나섰다.

"누나는 늘 일을 빨리 처리하고 빈틈이 없었잖아. 그렇지 않아도 누나가 아주 잘해 준 덕에 교장 선생님께서도 오늘부로 성적 경쟁을 끝내기로 결정하셨대."

"그럼 아이들 간의 긴장감도 좀 풀리겠다. 이제 곧 싸움도 그치겠지."

"오늘?"

에리스가 놀라서 되물었다.

"지금 당장 말이야?"

에리스는 아레스의 말이 사실인지 확인하려는 듯 아프로디테와 아테나의 얼굴 표정을 번갈아 살폈다. 둘이 고개를 끄덕이자, 모두가 보는 앞에서 에리스의 키가 순식간에 5센티미터 정도 줄었다. 에리스는 혼란스러운 눈빛으로 앞에 있는 아레스를 쳐다보았다.

"오늘 아침 식사 전에 제우스 님을 만났을 때만 해도 분명히……."

"아빠는 변덕이 심한 걸로 유명해서."

아테나가 에리스의 말을 자르고 끼어들었다.

"그냥 아빠가 하자는 대로 맞춰 드리는 게 나아."

헤라클레스도 농담 삼아 한마디를 했다.

"그래. 신들의 제왕이자 하늘을 다스리시는 자의 특전 중 하나랄까?"

"알겠어."

에리스가 순순히 물러나는가 싶더니 교활한 눈빛으로 아테나와 아프로디테를 쓱 쳐다보았다.

"그럼 이건 어떻게 할까?"

에리스는 가방에서 황금 트로피를 꺼내 둘의 눈앞에 들었다.

아프로디테는 즉각 트로피를 만지고 싶어서 손가락이 움찔움찔거렸다. 아까 식당에서 새끼손가락 걸고 했던 맹세도, 아테나와의 우정도 순식간에 사라지려 했다.

'아, 내가 도대체 왜 이러는 거지?'

아프로디테가 슬쩍 쳐다보니 아테나도 트로피를 바라보는 눈길이 간절하지만, 주먹을 꽉 쥔 채 어떻게든 버티고 있는 듯했다. 그런데 나머지 아이들은 아무런 반응이 없었다. 심지어 페르세포네조차 그저 아도니스를 안고만 있었다.

'하긴 페르세포네는 트로피를 만지지 않았으니까.'

그때 아테나가 갑자기 입을 열더니 숨넘어갈 듯이 말을 쏟아 냈다.

"이제 성적 경쟁이 끝났으니 트로피는 내가 받게 되는 거 아니니? 우리 팀이 경쟁에서 앞서고 있었으니까."

아프로디테는 곧바로 인상을 팍 썼다.

"그렇게 급하게 결정할 일은 아니지. 마카이와 퀴도이모스가 과학 시험에서 부정행위를 했잖아. 결정을 내리기 전에 그 애들 점수를 빼는 게 맞다고……."

아프로디테의 말소리가 점점 잦아들었다. 아레스가 아프로디테의 손을 꼭 잡았기 때문이다. 아프로디테는 뭣 때문에 그러느냐는 듯이 아레스를 쳐다보았다. 그런데 아레스와 눈이 마주친 순간, 아프로디테는 깨달았다.

'아, 내가 또 트로피의 영향으로 감정적으로 변했었구나. 아레스는 그 사실을 내게 경고해 준 거야.'

아프로디테는 차라리 입을 꾹 다물기로 했다.

헤라클레스도 아테나의 손을 잡았고, 아테나 역시 이내 입을 다물었다.

그러나 에리스는 아무런 동요 없이 다시 의자에 자리를 잡고 앉았다. 그러고는 트로피를 무릎에 올려놓고서 가방에서 구겨

진 파피루스 몇 장을 꺼냈다.

"자, 어디 점수를 확인해 볼까?"

에리스는 방실방실 웃으며 아테나와 아프로디테를 번갈아 쳐다보았다.

"내가 점수 계산하는 동안 누가 트로피를 들고 있을래?"

아프로디테도, 아테나도 손이 머리보다 더 빨리 움직였다.

"그러지마."

페르세포네가 나직하게 주의를 주었다.

"너희 둘을 홀리게 만들려고 저러는 거야."

휘이이잉!

갑자기 세찬 바람이 과수원 안으로 휘몰아치는 바람에 에리스가 꺼낸 파피루스가 바람에 날아가 버렸다.

"안 돼!"

에리스의 고함 소리에 놀란 아도니스가 페르세포네의 품에서 풀쩍 뛰어오르더니 에리스가 앉은 의자 위에 착지했다.

"어머, 귀요미, 안녕."

그 순간 에리스는 점수며 트로피며 다 잊어버리고 아도니스를 보며 좋아서 어쩔 줄 몰라 했다. 그사이 나머지 아이들은 날아간 파피루스를 쫓아다니느라 정신이 없었다. 아도니스는 얼떨떨해 하다가 상대가 에리스라는 걸 깨닫자 털을 세우면서 사납게 하악거리더니 의자에서 뛰어내려 쪼르르 달려가 버렸다. 그런데 불행히도 바로 그때 아르테미스가 사냥개들을 데리고 과수원 안으로 들어왔다.

사냥개들은 이제 아도니스의 존재에 익숙해져서 마주쳐도 그냥 내버려 두는 편이었다. 그런데 오늘은 불안해 하는 아도니스의 반응에 사냥개들도 뭔가 동요를 일으켰는지 갑자기 아도니스를 뒤쫓기 시작했다. 아르테미스가 어찌해 볼 틈조차 없었다. 아도니스는 쫓아오는 개들을 피해 곧장 올리브 나무 위로 올라가 버렸다!

"멈춰! 앉아!"

아르테미스가 마침내 개들을 막아서고서 단호하게 명령을 내렸다.

"이 녀석들, 부끄러운 줄 알아!"

아르테미스가 꾸지람을 퍼붓자, 세 마리 사냥개는 고개를 푹 숙이고서 미안하다는 듯이 아르테미스의 다리를 핥았다.

한편 아프로디테와 페르세포네는 아도니스를 나무에서 내려오게 달래느라 애를 태웠다. 하지만 아도니스는 도무지 꼼짝하지 않았다. 올리브 나무 꼭대기에서 3분의 1 정도 내려오는 지

점에 앉아서 나뭇가지 사이로 아래를 내려다보며 구슬프게 야옹거릴 뿐이었다.

아도니스가 나무 위에서 옴짝달싹 못하자 아테나는 곧장 학교 건물 쪽으로 달려갔다. 파마나 에로스처럼 날개가 있는 아이를 찾아서 나무 꼭대기로 날아가 아도니스를 구해 달라고 부탁할 작정이었다. 그러나 결국 아테나는 허탕을 치고 돌아왔다.

"대신 날개 샌들을 가지고 왔어."

아테나가 날개 샌들을 내밀자 아프로디테는 고개를 절레절레 흔들었다.

"아도니스는 그걸 너무 좋아해."

"응? 그럼 잘 된 거 아냐?"

"아니. 아도니스는 날개 샌들이 새라고 생각하거든. 그걸 신고 저 위로 올라가면 아도니스가 날개 샌들을 잡으려다가 자칫 나무에서 떨어질 수도 있어."

아테나는 안타까운 마음에 끙 신음 소리를 냈다.

"누구 좋은 생각 없니?"

아레스가 나무를 살펴보더니 입을 열었다.

"나무 높이가 10미터 정도 되는 것 같아. 그런데 위쪽은 가지가 가늘어서 우리 중 누가 올라간다고 해도 몸무게를 이기지 못하고 부러지고 말거야."

그러자 페르세포네가 딱 하고 손가락을 튕기더니 헤라클레스와 아레스를 쳐다보았다.

"아, 학교 온실에 가면 사다리가 있을 거야."

"바로 가져 올게!"

아레스가 소리쳐 답하더니 곧바로 헤라클레스와 함께 온실을 향해 달려갔다. 다행히 온실은 과수원에서 그리 멀지 않았다. 곧이어 아르테미스도 사냥개들을 방에 돌려보내려고 과수원을 떠났다.

"야아아아아옹-!"

아도니스의 울음소리가 점점 애처롭게 변해갔다. 그러자 에리스가 가방을 의자 위에 내려놓고 나무 밑에 섰다. 그때 아프로디테는 에리스의 체격이 더 줄어들었다는 걸 눈치챘다. 이제 입고 있던 키톤이 헐렁해져 있었다.

'어째서 그런 거지?'

에리스는 무척 아쉽고 섭섭하다는 눈빛으로 나무 위의 아도니스를 바라보았다. 그러더니 낮고 슬픈 목소리로 혼자 중얼거렸다.

"아도니스는 나한테서 멀어지기 위해서라면 뭐든 하겠지?

내가 무서우니까."

에리스는 나무 위를 올려다보며 손에 땀을 쥐었다.

"내 잘못이야. 나 때문에 아도니스가 저기 갇혀 버렸어."

늘 상냥한 페르세포네가 다정한 목소리로 에리스를 위로했다.

"아니야. 그렇지 않아. 기억 안 나? 아도니스는 아르테미스의 사냥개들이 쫓아오는 걸 피하느라 저기 올라간 거야."

아테나도 거들었다.

"때로는 반려동물도 야생동물처럼 행동해. 집에서 키우든 밖에서 살든 동물은 동물이니까 당연하지. 우리가 어쩔 수 있는 문제가 아니야."

헤라클레스와 아레스가 나타나지 않자 아프로디테는 점점 몸이 달았다.

"사다리를 가져오는 데 왜 이렇게 오래 걸리지?"

"이야아아아아아옹!"

애처로운 울음소리를 듣다 못한 아테나가 말했다.

"안되겠어! 그냥 날개 샌들을 이용해서 구조해 보자. 부디 아도니스가 날개 샌들을 새라고 착각하고 달려들지 않기만 바랄 뿐이야."

아프로디테가 천천히 고개를 주억거렸다.

"그래. 이러다가 아도니스가 내려오기만을 한밤중까지, 아니 어쩜 더 오래 기다려야 할지도 몰라."

그때 에리스가 고개를 갸웃거리며 뭔가를 생각하더니 손가락을 딱 하고 튕겼다.

"아, 아도니스를 내려오게 할 방법이 있어."

아프로디테, 아테나, 페르세포네가 말릴 틈도 없이 에리스는 곧장 나무에 기어오르기 시작했다.

"조심해."

아프로디테가 발을 동동 구르며 외쳤다. 그러나 에리스가 원숭이처럼 재빠르게 위로 쑥쑥 잘도 올라갔다.

"걱정 마."

에리스가 아래를 보며 외쳤다.

"난 어릴 때부터 나무를 탔어. 주로 사과나무를 타긴 했지만. 아레스한테 물어봐."

에리스는 무슨 이유에서인지 풋 하고 웃음을 터뜨렸다.

아프로디테는 영문을 몰라서 어깨만 들썩였다.

'아레스가 에리스에 대해서 나한테 들려주지 않은 이야기가 꽤 많나봐. 아마 주로 괴롭힘 당했던 이야기겠지. 불쌍한 아레스!'

페르세포네가 아테나와 아르테미스 곁으로 다가오더니 속삭였다.

"에리스는 아도니스를 구할 수 없을 거야. 아도니스가 에리스 곁에 가려 하지 않잖아. 저러다가 에리스를 피해서 더 높이 올라갈지도 몰라."

그런데 에리스도 그 사실을 알고 있는 듯했다. 날렵하게 움직이면서도 거리를 두고 아도니스의 눈에 띄지 않게 움직였기 때문이었다. 그러다가 갑자기 아도니스의 머리에서 1미터 정도 떨어진 가지 위에 불쑥 모습을 드러내며 아도니스를 향해 손을 뻗었다.

"야옹, 야옹, 야옹아! 이리 와."

물론 아도니스는 에리스에게 가지 않았다. 대신 머뭇머뭇 하다 아래로 내려가기 시작했다. 에리스와의 거리를 유지하면서 한 번에 한 가지씩 폴짝폴짝 뛰어내렸다.

아프로디테는 그제야 깨달았다.

'아, 에리스는 처음부터 저걸 노린 거야!'

에리스는 나뭇가지 한두 개 정도 떨어진 곳에 머물며 아도니스와의 거리를 유지한 채 계속 아래로 몰았다. 그리고 마침내 페르세포네와 아프로디테가 손을 뻗어서 아도니스를 안아 내

렸다.

에리스가 나무에서 폴짝 뛰어내리자, 기다렸다는 듯이 아레스와 헤라클레스가 사다리를 가지고 히데스, 아폴론과 함께 나타났다. 아르테미스도 함께였다. 아르테미스는 혹시 아도니스가 나무에서 떨어질 때를 대비해 담요를 준비해 왔지만, 다행히 필요가 없었다.

"에리스, 만세! 만세! 만세!"

아프로디테가 신이 나서 외쳤다.

"너희가 없는 동안, 에리스가 나무에 올라가서 아도니스를 구했어!"

아프로디테, 아테나, 아르테미스는 에리스를 영웅이라 부르며 꽉 끌어안았다. 심지어 아도니스를 안고 달래던 페르세포네마저 한 손으로 에리스를 안아 주었다. 아도니스도 더 이상 에리스를 향해 신경질적인 반응을 보이지 않았다.

"에이, 별거 아니었어."

에리스는 손사래를 쳤지만 얼굴에는 웃음이 가득했다. 아도니스의 반응에 놀라고 기쁜 모양이었다.

바로 그때, 하늘에 데메테르 여신의 전차가 나타났다. 페르세포네는 아도니스를 꼭 안고서 하데스, 아폴론과 함께 엄마를 마중하러 갔다. 이제 아테나, 아프로디테, 아르테미스, 아레스, 헤라클레스, 그리고 에리스만이 과수원에 남았다. 그러자 에리스가 갑자기 태도를 바꾸었다. 트로피를 집어 들더니 딱딱한 목소리로 이렇게 말했다.

"성적 경쟁 말인데, 좀 전에 점수가 쓰여 있던 파피루스가 날아가 버렸잖아. 점수를 다시 계산하기 전에는 최종 승자를 발표할 수 없을 거 같네. 이 참에 제우스 님께 마음을 바꿔서 경쟁 기간을 늘려 달라고……."

"그 트로피는 내 거야!"

아프로디테가 버럭 소리를 질렀다. 그러고는 스스로 깜짝 놀라 손으로 입을 틀어막았다. 할 수만 있다면 뱉은 말을 다시 주워 담고 싶었지만, 다른 한편 즉, 트로피의 마법에 걸린 마음 한 쪽에서는 태도를 바꾸고 싶은 마음이 없었다. 결국 마법의 힘이 다시금 아프로디테의 입을 열게 만들었다.

"트로피에 '가장 아름다운 자에게'라고 새겨져 있단 말이야."

아프로디테는 다른 아이들이 혹시 그 사실을 모를까 싶어 덧붙여 말했다.

"그래서?"

아테나가 얼음처럼 차갑게 대꾸했다. 트로피 때문에 다시 경쟁심이 솟아오르기 시작한 모양이었다.

아프로디테는 짜증이 솟구쳤다.

'꼭 말을 해야 아나?'

결국 아프로디테는 분홍색 매니큐어를 완벽하게 바른 손으로 황금색 머리카락을 휙 넘기며 대답했다.

"알다시피 내가 사랑과 '미'의 여신이잖아."

"그래서?"

아테나도 물러서지 않았다.

"아름답다는 말에는 생김새 말고도 하는 일이나 마음씨가 훌륭하다는 뜻도 있거든? 모든 일을 가장 현명하고 지혜롭게 처리해서 훌륭한 결과를 낸 자가 저 트로피의 주인일 수도 있지. 그렇다면 그 주인은 바로 지혜의 여신인 내가 아니겠어?"

손에 트로피를 든 에리스를 사이에 두고 아프로디테와 아테나는 이글거리는 눈으로 서로를 노려보았다. 아프로디테의 눈에 아레스와 헤라클레스가 걱정스러운 표정으로 눈빛을 주고받는 모습이 들어왔다. 하지만 아프로디테는 도저히 트로피의 마법에서 풀려나지 못했고 아테나도 마찬가지였다.

"미안해."

잠시 후 아프로디테가 아테나에게 힘없이 말했다. 그러고는 마음을 다진 후 미안하다는 표정을 지어 보였다. 그러자 아테나도 겸연쩍어 하며 다정한 눈빛을 보냈다.

"나도 미안해."

아테나가 대답했다.

"그런데 어쩔 수가 없어. 나도 저 트로피를 가지고 싶어."

그러자 기다렸다는 듯이 에리스가 살살 꾀기 시작했다.

"경쟁이 계속되면 너희 둘 중 한 명이 최종 승자가 될 거야."

곧장 에리스의 체격이 다시 커지며 강한 힘을 발휘하기 시작했다.

"잠깐!"

아레스의 목소리에서 절박한 심정이 그대로 느껴졌다.

"그냥 동전을 던져서 우승팀을 정하자."

"엉?"

헤라클레스가 놀라서 되물었다.

"뭐 그걸로 경쟁이 끝나기는 하겠지. 아이들도 더 이상 서로 싸우지 않을 테고. 하지만 마법 트로……, 아얏!"

아레스가 팔꿈치로 헤라클레스의 옆구리를 쿡 찔렀다.

"야! 왜 그래?"

헤라클레스는 옆구리를 문지르며 투덜거렸다. 아프로디테도 아레스의 행동을 이해할 수 없었다.

에리스가 인상을 찌푸리며 두 소년을 미심쩍게 노려보았다. 아프로디테는 트로피 때문에 마음이 어지러운 와중에 의문이 들었다.

'아레스는 우리가 트로피의 마법에 대해 알고 있다는 사실을 에리스가 알게 되면 더 화를 낼까봐 걱정하는 걸까?'

에리스는 두 소년을 무시하기로 했는지 트로피를 아프로디테와 아테나 가까이 들이밀었다.

"만져 봐."

에리스의 눈이 번득였다.

"너희도 만져 보고 싶잖아."

아프로디테는 자신이 가진 모든 의지력을 발휘하여 뒤로 한 걸음 물러났다. 동시에 아테나도 뒤로 움직였다. 아프로디테와 아테나는 서로의 눈을 마주 바라보았다. 그리고 서로의 눈빛이 점점 따뜻해지는 걸 느꼈다.

아프로디테의 머릿속에서 작은 목소리가 속삭였.

'아테나는 내 친구야. 성적 경쟁이나 트로피보다 우정이 더 중요해.'

그때 아테나가 아프로디테를 향해 방긋 웃었다. 아프로디테도 미소로 답했다.

'우리 둘이 지금 같은 생각을 하고 있는 걸까?'

도움이 필요하다고 느꼈는지 아르테미스가 둘 사이로 걸어와 아프로디테와 아테나의 손을 잡았다. 친구의 노력 때문인지 아프로디테와 아테나도 마침내 트로피의 마법에서 벗어날 수 있었다.

'적어도 지금 이 순간은 트로피의 마법에서 벗어난 것 같아. 불쌍한 에리스와 달리 우리들의 힘은 다툼이 아니라 우정에서 오니까.'

그러자 아프로디테에게 놀라운 아이디어가 떠올랐다.

'그래! 이런 마음이라면 동전을 던져서 어떤 결과가 나오든 간에 모두 만족할 수 있을 거야!'

아프로디테는 아레스를 쳐다보며 확신에 차서 대답했다.

"좋아, 그렇게 하자."

듣고 있던 에리스가 짜증난다는 듯이 땅이 꺼져라 한숨을 쉬었다. 그러나 다행히 성질을 부리지는 않았다.

아레스는 서둘러 자기 튜닉 호주머니를 뒤졌다. 그러나 아무 것도 나오지 않자 당황해서 주위를 둘러보았다.

"얘들아, 혹시 동전 가지고 있어?"

곁에 있던 헤라클레스가 호주머니에 손을 넣더니 동전 하나를 꺼내서 아레스에게 건넸다. 아레스는 동전을 살펴보더니 헤라클레스에게 물었다.

"이런 동전은 처음 봐. 어디서 났어?"

"아, 오래된 트로이 동전이야. 카산드라가 아폴론에게 잔뜩 선물했거든. 아폴론이 그중 하나를 내게 줬어."

아폴론의 여자 친구인 카산드라는 지금 불멸 쇼핑센터에 있는 아파트에 살고 있지만, 원래 트로이의 공주였다.

"앞면에 새겨진 얼굴은 카산드라의 오빠인 파리스 왕자래."

헤라클레스가 계속 설명했다.

"뒷면은 트로이 성채야."

아레스가 고개를 끄덕이며 대답했다.

"좋았어. 이걸 사용하자. 자, 아프로디테, 아테나. 골라 봐. 앞면? 뒷면? 어느 거?"

아레스가 동전을 하늘로 던져 올렸다.

"앞면!"

아프로디테가 외침과 동시에 아테나도 소리쳤다.

"뒷면!"

아레스가 떨어지는 동전을 한 손으로 잡아서 반대편 손등에 탁 올려놓았다. 손으로 동전을 덮고 있어서 결과는 아직 아무도 알 수 없었다.

"준비됐어?"

아레스가 묻자, 아프로디테와 아테나는 단단히 결심한 얼굴로 외쳤다.

"준비됐어!"

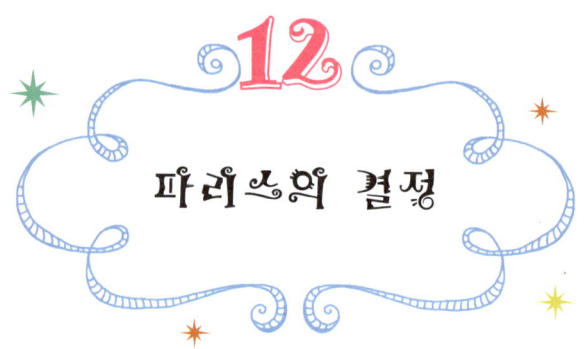

12 파리스의 결정

아레스가 동전을 덮고 있던 손을 들었다.

"앞면이야! 파리스 왕자가 결정을 내려 줬네. 승자는 아프로디테야."

아레스는 '가장 아름다운 자'에게 주어진다는 마법 트로피의 주인이 아프로디테라는 것이 솔직히 달갑지 않았다.

'저 트로피가 계속 문제를 일으킬 수도 있다고. 아, 모르겠다. 적어도 이제 지긋지긋한 성적 경쟁은 끝났으니까.'

그런데 아레스의 예상과 달리 아프로디테는 트로피를 덥석 받으려 하지 않았다.

"잠시 아테나랑 단둘이 이야기 좀 나눴으면 해."

아프로디테는 아테나를 과수원 한쪽으로 데리고 가더니 뭔가를 소곤소곤 속삭였다. 아레스와 나머지 아이들은 아테나가 아프로디테의 말에 고개를 끄덕이는 모습을 지켜보았다.

'무슨 이야기를 하는 거지?'

아레스의 궁금증은 이내 풀렸다. 다시 무리로 돌아온 아프로디테는 곧장 에리스에게 말을 꺼냈다.

"아테나랑 나랑 합의를 봤어. 네가 트로피를 계속 가지고 있는 게 가장 아름다운 결정이라고 말이야."

아레스는 아프로디테의 말을 듣고 입이 떡 벌어졌다. 에리스도 마찬가지였다. 아레스는 아프로디테와 아테나의 결정에 무척 기뻐했지만 에리스는 충격을 받아 어쩔 줄 몰라 했다.

"하지만……."

에리스가 더듬더듬 반박할 논리를 찾으려 하자, 아테나가 먼저 말을 꺼냈다.

"이번 성적 경쟁에 진정한 승자가 있다면 그건 바로 에리스 너야. 네 덕분에 지난 두 주 동안 우리 학교 아이들 성적이 엄청나게 올랐잖아."

아프로디테가 고개를 끄덕이며 거들었다.

"그래서 우리보다는 네가 이 트로피를 받을 적임자라고 생각했어. 게다가……."

아프로디테는 활짝 웃으며 덧붙였다.

"네가 아도니스를 구했잖아!"

에리스는 상황이 전혀 예상치 못한 방향으로 흘러가자, 무장 해제 되어 버린 듯했다. 아레스는 지금 이 순간 에리스의 키가 아코디언처럼 늘었다가 줄었다가 하고 있다는 걸 다른 아이들도 알아차렸을지 궁금했다. 에리스는 아프로디테와 아테나가 자기한테 트로피를 주겠다는 걸 기뻐해야 할지 마다해야 할지 갈피를 못 잡고 있는 듯했다. 결국 에리스는 트로피를 다시 받아들었다.

"그럼 이걸로 내가 가장 아름답다는 게 증명된 거네."

에리스는 끝끝내 비꼬는 말을 한마디를 해야 직성이 풀리는 듯했다. 하지만 이내 미안한 듯 고개를 푹 숙이며 덧붙였다.

"기분 나빴다면 미안."

"괜찮아."

아프로디테가 상냥하게 대답하자 아테나도 방긋 웃으며 고개를 끄덕였다.

아레스는 할 말을 잊은 채 자신의 여자 친구를 존경하는 마음으로 바라볼 뿐이었다.

'우아, 아프로디테! 정말, 정말 영리해! 그럼 이제 에리스 누나를 집으로 돌려보내는 것도 가능할까?'

잠시 후 에리스가 트로피를 가방에 다시 넣자, 아이들은 다 함께 학교로 향했다. 아레스는 일부러 다른 아이들을 앞서 보내고서 누나와 함께 보조를 맞추며 걸었다.

'아테나도 아프로디테도 트로피를 받지 않아 다행이야. 하지만 저 트로피가 학교에 있는 한 언제 또 말썽이 일어날지 알 수 없어. 누나가 집으로 돌아가도록 설득할 방법을 어떻게든 찾아내야 해.'

아레스가 껄끄러운 이야기를 어떻게 꺼낼지 고민하는 사이, 에리스가 먼저 입을 열었다.

"있잖아. 내 트로피에 혹시 마법이 걸려 있지 않느냐고 물었지? 네 짐작이 맞았어. 영웅 만들기 가게 주인 도로스 씨가 누구든지 이 트로피를 만지면 마법에 걸릴 거라고 장담을 하더라. 하지만……."

"그건 아저씨가 틀렸어."

아레스가 에리스의 말을 받았다.

"나한테는 아무런 영향을 주지 못했거든."

트로피를 만진 남자가 자신뿐이었기 때문에 아레스도 자신이 에리스와 남매라서 그런 건지 아니면 남자한테는 원래 마법이 통하지 않는 건지는 정확히 알 수가 없었다.

에리스는 어깨를 들썩이며 대꾸했다.

"그러게."

아레스와 에리스는 안뜰을 지나 화강암 계단 아래 도착했다. 거기서 앞서 가던 아이들과 다시 만나자 에리스가 갑자기 깜짝 선언을 했다.

"애들아, 너희가 너무 실망하지 않았으면 좋겠는데 난 집으로 돌아가기로 마음먹었어."

"정말?"

아레스는 너무 놀라서 기절할 정도였지만 이내 희망에 부풀었다.

'우아, 이런 행운이 또 있을까?'

주위에 서 있던 아이들이 모두 안도의 한숨을 살며시 내쉬었지만 다행히 에리스는 눈치 못 챈 듯했다.

에리스는 아레스를 쳐다보더니 씁쓸하게 웃으며 말했다.

"난 여기 올림포스 학교가 마음에 들어. 진심으로 말이야. 하지만 코린트 학교에 있는 친구들이 더 보고 싶네. 뭐, 적어도 한 명은 그래."

에리스의 얼굴이 발갛게 물들었다. 하지만 아레스는 누나가 올림포스 학교를 떠난다는 사실에만 집중하고 있어서 전혀 알아차리지 못했다.

'누나가 돌아간대. 그것도 본인이 직접 결정한 일이야! 야호!'

아레스는 기쁜 마음에 자신도, 에리스도 그리고 다른 친구들도 깜짝 놀랄 행동을 했다. 바로 그 얄미운 누나를 덥석 끌어안은 것이다!

"아하! 알겠다."

에리스가 아레스의 품에서 풀려나자 아프로디테가 손가락을 딱 튕기며 탄성을 질렀다.

"파란색 두루마리 편지! 남자 친구한테서 온 거로구나!"

"그럴 수도 있고."

에리스는 방어적인 태도로 대꾸하더니 곧장 으르렁대듯 덧붙였다.

"그 애 이름이 뭔지 알아내려고 들지 마. 절대로 말 안 할 거니까!"

"그런 생각은 꿈에도 하지 않아."

아프로디테는 깜짝 놀라서 대답했다.

'어머, 얘는 내가 파마인줄 아나?'

아프로디테는 친구들과 함께 화강암 계단을 올라가며 주변을 둘러보았다. 이미 2교시가 시작된 지 한참 지나서인지 다른 학생은 아무도 보이지 않았다.

'괜찮아. 히드라 선생님께 잘 말씀드리면 지각 처리를 면제해 주실 거야.'

"사실은 말이야."

무슨 마음인지 에리스가 속사정을 털어놓기 시작했다.

"내 친구가 보내온 편지에 따르면 코린트 학교 교장 선생님이 날 다시 받아 주기로 하셨대."

에리스는 잠시 말을 멎었다가 다시 입을 열었다.

"지난 두 주 동안 너희가 수업을 받고 있을 때 나는 인간 세상을 오가며 코린트 학교를 도왔어. 운이 나빠서 벌어진 지붕 사고를 해결하고 싶었거든. 이제 지붕이 다 수리되어서 다음 주 월요일에 다시 학교 문을 열거야."

아프로디테는 내심 깜짝 놀랐다.

'어머? 그럼 교장 선생님이랑 우리한테 방학이라고 했던 건 거짓말이었던 거야? 어휴, 에리스다워. 이제 들어 보니 수리하느라 임시 휴교를 한 거 같은데, 뭐 그게 그건가?'

어쨌든 아프로디테는 에리스가 또다시 '사고'라는 말을 쓰는

데 슬며시 웃음이 났다.

"그럼 언제 떠날 계획이니?"

아르테미스가 에리스에게 물었다. 그러자 에리스는 아이들을 쭉 둘러보며 대답했다.

"지금 바로. 돌아가기로 마음먹은 김에 바로 떠날래. 성적 경쟁도 더 연장될 것 같지 않고 말이야. 트로피 말고는 아무 것도 가져온 게 없어서 짐을 쌀 필요도 없어."

이어 에리스는 아프로디테를 슬쩍 쳐다보며 웅얼웅얼 말을 덧붙였다.

"음, 그 전에 네 키톤을 돌려줘야겠지?"

아프로디테는 대답을 하지 못하고 망설였다.

'저건 내가 아주 좋아하는 키톤인데. 하지만 에리스가 입고 다니는 동안 이미 군데군데 찢어지고 헤졌잖아. 게다가 난 다른 키톤도 잔뜩 있는걸.'

아프로디테가 마침내 입을 열었다.

"괜찮으니까 입고 가. 작별 선물이라 여겨 줘."

"고마워."

에리스는 진심으로 감동 받은 것 같았다.

둘이 이야기 나누는 사이, 아레스는 아테나로부터 아도니스를 구하려고 가져온 날개 샌들을 건네받았다.

"자, 누나. 이 샌들 받아. 이걸 신으면 인간 세상까지 조금 더 편하게 돌아갈 수 있을 거야. 다음에 내가 집에 갔을 때 도로 가져오면 돼."

에리스가 자리에 앉아서 샌들을 갈아 신었다. 그러자 앞에 있던 아프로디테가 따뜻하게 말을 건넸다.

"에리스, 우리는 언제든 널 환영할 거야."

아프로디테는 에리스의 마음을 상하게 하고 싶지 않았다.

'아레스의 말이 에리스가 다시는 이곳에 오지 않기를 바란다는 것처럼 들리잖아! 에리스가 기분 나빴을지도 몰라. 에리스는 어쨌거나 아레스의 누나잖아. 게다가 에리스도 귀여운 면이 있는 걸. 음, 나름대로 말이야.'

에리스가 아프로디테를 쳐다보며 말했다.

"제우스 님은 날 이곳에 입학시켜 주기로 마음먹고 계셨어. 내가 떠나겠다고 해서 제우스 님이 기분 상하지 않으셨으면 좋겠는데."

에리스는 두 번째 샌들을 신지 않고 잠시 머뭇거렸다. 고향으로 돌아가겠다는 결정을 다시 고려해 보는 것 같았다. 그러자 아레스가 허둥지둥 말을 꺼냈다.

"아, 교장 선생님께서도 물론 이해하실 거야."

헤라클레스도 열심히 고개를 끄덕였다.

"그럼! 당연하지."

아테나도 거들었다.

"아빠는 네가 해 준 모든 일에 대해 고마워하실 거야."

심지어 아르테미스까지 나섰다.

"네 덕분에 지난 두 주가 아주 흥미로웠어."

아프로디테는 빙그레 웃음이 났다.

'다들, 아니 어쩌면 올림포스 학교 전교생이 에리스가 떠나고 모든 게 정상으로 돌아가기를 간절히 바라나 봐.'

잠시 후 모두의 소원이 이루어졌다. 에리스가 손을 흔들어 작별 인사를 하더니 마법 트로피와 두루마리 편지가 든 가방을 옆구리에 꼭 끼고서 인간 세상으로 떠났기 때문이다. 아프로디테와 친구들은 에리스의 모습이 저 멀리 사라질 때까지 지켜보며 배웅했다.

아테나가 안도의 한숨을 푹 쉬며 말했다.

"드디어 끝났네. 내가 가서 성적 경쟁이 끝났다는 공지를 써 붙일게."

"동점이었다고 해."

아프로디테가 아이디어를 내자 옆에 있던 헤라클레스가 고개를 끄덕였다.
"좋은 생각이야. 그럼 모두 다시 친구가 될 수 있을 거야!"
하지만 아르테미스는 고개를 갸웃했다.
"그럼 교장 선생님께서 우승팀한테 약속한 상은 어떻게 해?"
아레스가 싱글싱글 웃으며 대답했다.
"누나가 떠났다고 말씀드리면 교장 선생님도 우리만큼 마음이 놓이실 거야. 어쩌면 전교생한테 상을 주실 지도 모르지!"
아테나가 차분하게 자기 생각을 밝혔다.
"이제 에리스가 떠났고, 에리스와 함께 불화의 기운도 사라졌잖아. 그러니까 다들 상대편 팀을 하루 동안 시종으로 부리는 걸 얼씨구나 하면서 좋아하지는 않을 거야."
"난 그냥 일주일 동안 숙제나 면제 받으면 좋겠어."
아프로디테의 장난스런 하소연에 아르테미스가 신이 나서 맞장단을 쳤다.
"나도, 나도!"
그러자 아레스도 나섰다.
"그래. 내가 지금까지 올림포스 학교를 다니면서 지난 두 주만큼 피나게 공부해 본 적이 없는 것 같아."

헤라클레스가 아레스의 어깨를 툭툭 두드리며 대꾸했다.

"내 말이 바로 그 말이야. 친구, 우리의 뇌는 지금 당장 휴식이 필요해!"

이윽고 아이들은 제우스에게 에리스가 떠난 사실을 보고하고, 히드라 선생님께 지각 면제를 받기 위해 행정실로 향했다. 아프로디테는 일부러 아레스 곁으로 가서 걸음을 조금 늦추라는 듯이 팔을 살며시 잡아당겼다. 잠시 후 대열 맨 뒤에서 아이들과 조금 떨어져 걷게 되자 아프로디테가 말을 꺼냈다.

"있잖아. 난 결국 에리스한테서 네 어린 시절에 대한 이야기를 하나도 못 들었어."

"잘됐네."

아프로디테가 일부러 뾰로통한 표정을 짓자 아레스는 땅이 꺼져라 한숨을 쉬었다.

"좋아. 너한테 이런 이야기 한 번도 한 적 없는데, 어릴 때 난 맨날 누나한테 얻어맞고 지냈어. 누나는 날 꼬집고, 놀리고, 발로 차고, 늘 날 골탕 먹일 궁리만 했지. 난 그런 누나를 두려워했어."

아레스는 잠시 말이 없다가 나직하게 덧붙였다.

"지금도 가끔은 그래."

아프로디테는 차분하게 대답했다.

"누구나 그럴 거야. 심지어 제우스 교장 선생님이라 해도 그럴 걸? 에리스는 마음만 먹으면 아주 위협적으로 변하니까!"

아프로디테는 아레스의 연약한 모습에 마음이 움직였다. 아레스는 좀체 그런 면을 드러내지 않기 때문이었다.

아레스가 다시 이야기를 이었다.

"믿을지 모르겠지만, 누나가 조금 그리울 것 같기도 해. 하지만 누나가 일으킨 혼란은 전혀! 어휴, 난 정말 사양하겠어."

교실이 가까워졌을 때 아레스는 아프로디테를 보며 싱긋 웃었다.

"이따가 수업 마치고 슈퍼파워 슈퍼마켓에 밀크셰이크 마시러 갈까?"

"흐으으음. 글쎄."

아프로디테는 선뜻 대답을 하지 못했다.

"가고 싶긴 한데 내일 아침 영웅학 시험에 대비해서 공부를 좀 더 해야 해."

"이런. 아프로디테. 성적 경쟁은 끝났어! 사소한 시험 하나 가지고……."

아레스가 아프로디테의 고민스러운 표정을 보더니 말을 하다 말고 호주머니에서 뭔가를 꺼냈다. 그것은 바로 트로이 동전이었다.

"아까 헤라클레스한테 돌려준다는 걸 그만 깜박했어."

아프로디테는 동전을 받아 들고서 장난스러운 눈빛으로 아레스를 슬쩍 흘겨보았다.

"밀크셰이크를 마시러 갈지 말지 파리스 왕자한테 정해 달라고 할까?"

아레스는 씩 웃으며 고개를 끄덕였다.

"좋아. 앞면이 나오면 가는 거고, 뒷면이 나오면 공부하는 걸로. 어때?"

아프로디테가 동전을 높이 던져 올리자 아레스가 그걸 받았다. 이번에도 동전 앞면이 나왔다.

아프로디테는 환하게 웃으며 말했다.

"그럼 답은 밀크셰이크를 먹으러 가라는 거네. 사실 그래도 괜찮아. 공부는 저녁 식사 끝나고 하면 되니까."

"좋았어!"

아레스가 신이 나서 방방 뛰자, 아프로디테가 아레스를 보며 빙그레 웃었다.

'에리스가 떠나고 나서 아이들 성적이 떨어지면 교장 선생님

께서 좀 실망하시겠지. 하지만 이제는 교장 선생님도 혹독한 경쟁은 좋지 않다는 데 동의하실 거야.'

아프로디테는 아레스의 손 안에 살며시 자기 손을 밀어 넣었다. 그렇게 둘은 손을 꼭 마주잡고 신나게 계단을 올라가 교실로 향했다.

옮긴이의 말

　여러분은 형제나 자매가 있나요? 아니면 외동인가요? 저는 오빠와 남동생 사이에 끼어서 자랐기 때문에 어릴 때 '아, 나도 언니나 여동생이 있었으면 좋겠다!'라는 생각을 정말 자주했답니다. 그런데 막상 자매가 있는 친구들 이야기를 들어 보면 꼭 좋지만은 않더라고요? 옷 때문에 싸우고, 예쁜 물건 서로 차지하려고 싸우고……. 만날 아웅다웅했다고 하더라고요. 형제든 자매든 하여간 서로가 귀찮고 짜증날 때가 많은 걸 생각하면 차라리 외동이 더 좋겠다 싶기도 해요. 그런데 외동으로 자란 친구가 이런 말을 하더라고요. 형제나 자매가 있다는 게 어떤 느낌인지 궁금하다고, 가끔은 피붙이라는 이유로 내 편을 들어 주는 누군가가 있었으면 좋겠다 싶기도 하다고요.

　음……. 이런 이야기들을 종합해 보면 결국 형제자매란 있어도 머리 아프고, 없어도 머리 아픈 존재인가 봐요. 이번 편에서 보면 전쟁의 신 아레스조차 누나 앞에서는 꼼짝을 못하잖아요. 반면 가족이 없는 아프로디테는 에리스한테서 자매 같은 느낌을 받아 보려고 짜증을 꾹꾹 눌러 참기도 하고요. 이 책을 읽은 독자 여러분 중에서

도 외동이어서 너무 외롭다고 생각하는 친구도 있을 테고, 형제자매 때문에 속상하고 분통 터지는 친구도 있을 거예요. 어느 쪽이든 어른이 되면 그런 일은 차차 나아진답니다. 그럼 어른이 되기 전에는 어떻게 하냐고요? 이번 이야기 속에서 아레스가 누구와 고민거리를 의논하던가요? 아프로디테가 누구한테서 위로와 힘을 얻던가요? 그래요. 여러분한테는 친구가 있어요. 속상하고 외로울 때, 힘들 때 여러분의 마음을 가장 잘 알고 응원해 주는 존재가 바로 친구랍니다. 여러분도 그런 친구에게 든든한 우정을 선물해 주세요. 그러면 여러분도 친구도 서로에게 가장 아름다운 존재가 될 거예요.

   그럼 다음 편에서 다시 만나요.(다음 편은 의외로 많은 팬을 거느리고 있는 '초록 소녀'가 주인공이랍니다.)

옮긴이 **김경희**

지은이 조앤 호럽, 수잰 윌리엄스

조앤 호럽은 문예상을 받은 작가로, 지금까지 어린이 독자를 위해 125권이 넘는 책을 썼다. 대표작으로는 《샴푸》, 《마멋 날씨 학교》, 《개는 왜 짖을까?》, 그리고 〈인형 병원〉 시리즈 등이 있다. 책에서 새로운 아이디어 얻기를 좋아한다는 점에서 네 명의 소녀 신 중 아테나와 가장 비슷하지 않나 하고 생각한다.

수잰 윌리엄스는 어린이를 위해 30권이 넘는 책을 썼고, 문예상 수상 작가이다. 대표작으로는 《책벌레 릴》, 《엄마가 내 이름을 모른대요》, 《우리 집 강아지는 부탁할 줄을 몰라》, 〈파워 공주〉 시리즈, 〈꽃봉오리 요정〉 시리즈가 있다. 남편분 말로는, 수잰 선생님은 귀찮은 질문(주로 왜 컴퓨터가 제대로 안 돌아가는지에 관한 질문이라고 한다)을 하는 판도라랑 비슷한 편이라고 한다. 물론 판도라는 절대로 컴퓨터를 쓸 일이 없겠지만.

옮긴이 김경희

초등학교 때 다른 아이들이 텔레비전을 보는 동안 《그리스 로마 신화》, 《일리아드》, 《오디세이아》, 《플루타르크 영웅전》을 줄줄 외울 정도로 읽고 또 읽었다. 제일 좋아하는 여신은 사냥의 신 아르테미스였는데 정작 본인은 운동에 영 소질이 없었다. 그래서 헤라클레스처럼 열두 가지 모험을 하고 올림포스산에 가 보고 싶었지만 엄두도 낼 수 없었다. 어린이 독자를 위해 〈올림포스 여신스쿨〉 시리즈를 번역하면서 신나는 모험을 즐겼다.

15 아프로디테의 아름다움

초판 1쇄 발행 2018년 7월 6일
초판 2쇄 발행 2022년 11월 10일

글 조앤 호럽, 수잰 윌리엄스 **그림** 싹이 **옮김** 김경희
발행인 양원석 **발행처** (주)알에이치코리아(등록 2004년 1월 15일 제2-3726호)
주소 08588 서울시 금천구 가산디지털2로 53, 20층(한라시그마밸리)
편집문의 02-6443-8921   **도서문의** 02-6443-8800   **홈페이지** rhk.co.kr
블로그 blog.naver.com/randomhouse1   **포스트** post.naver.com/junior_rhk
인스타그램 @junior_rhk   **페이스북** facebook.com/rhk.co.kr

ISBN 978-89-255-6318-3 (74840)
ISBN 978-89-255-4737-4 (세트)

※ 제조자명 (주)알에이치코리아 | 제조국명 대한민국 | 사용연령 8세 이상
※ 종이에 손이 베이거나 모서리에 다치지 않게 주의하세요.
※ 잘못 만들어진 책은 구입하신 곳에서 바꾸어 드립니다.